"十二五"国家重点出版规划项目
装备综合保障工程理论与技术丛书

装备作战单元维修保障任务模型与建模方法

张柳　于永利　封会娟　著

国防工业出版社

·北京·

图书在版编目(CIP)数据

装备作战单元维修保障任务模型与建模方法/张柳,于永利,封会娟著. —北京:国防工业出版社,2015.11
(装备综合保障工程理论与技术丛书/于永利主编)
ISBN 978-7-118-10620-6

Ⅰ.①装...　Ⅱ.①张...②于...③封...　Ⅲ.①武器装备—维修—军需保障—系统建模　Ⅳ.①E237

中国版本图书馆 CIP 数据核字(2015)第 284237 号

※

*国防工业出版社*出版发行

(北京市海淀区紫竹院南路23号　邮政编码100048)
三河市众誉天成印务有限公司印刷
新华书店经售
*
开本 710×1000　1/16　印张 9½　字数 152 千字
2015 年 11 月第 1 版第 1 次印刷　印数 1—2000 册　定价 36.00 元

(本书如有印装错误,我社负责调换)

国防书店:(010)88540777　　发行邮购:(010)88540776
发行传真:(010)88540755　　发行业务:(010)88540717

序

21 世纪以来,世界范围内科学技术革命的崛起,信息技术飞速发展并在军事领域广泛应用,有力地冲击着军事领域变革,战争形态逐渐由机械化战争向信息化战争演变,同时对装备保障能力产生的基本形态产生了深刻影响。认真落实习主席"能打仗、打胜仗"指示要求,着眼打赢未来基于信息系统体系作战,我军装备将逐渐形成以军事信息系统为支撑、以四代装备为骨干、以三代装备为主体的装备体系格局。信息化作战需要信息化保障,体系化对抗需要体系化保障。我军装备保障面临着从机械化保障向信息化保障、从单一装备保障向装备体系保障、从线性逐级保障向立体精确保障、从符合性考核向贴近实战考核转变等严峻挑战,未来信息化作战进程中的装备保障实践,对系统科学的装备保障基础理论与方法,提出了时不我待的紧迫要求。

伴随着军事技术和作战形态的发展要求,装备保障理论与技术不断创新发展。针对装备保障的系统研究,在国外始于 20 世纪 40 年代中后期,特别是 20 世纪 90 年代以来,随着"聚焦保障""基于性能的保障"等新的理念提出,以及相关工程实践的不断深化,装备保障工程在装备全寿命过程中的基础性、全局性的战略地位和作用得到了进一步强化。我国从 20 世纪 70 年代末开始引进、消化、吸收外军装备保障先进理念,运用系统科学思想研究装备保障问题,并在装备型号论证研制以及装备保障能力建设工作中不断应用,取得了大量的理论与实践研究成果,极大地推动了装备保障工程发展。经过 40 多年的研究与实践,装备保障工程在我军装备建设和军事斗争准备中的地位和作用不断升华,已经成为装备保障能力建设的基石,正在深刻地影响着装备保障能力和作战能力的形成与发展。装备保障工程既是型号装备建设的基础性工程,也是装备成系统成建制形成作战保障能力建设的通用性工程,还是作战进程中装备保障实施的重要技术支撑。

　　装备保障工程是应用系统科学研究解决装备保障问题的学科和技术,是研究装备全寿命过程中战备完好与任务持续能力形成与不断提高的工程技术。它运用系统科学与系统工程的理论和方法,从系统的整体性及其同外界环境的辩证关系出发,分析研究装备使用、装备保障特性与装备保障系统之间的相互作用机理,装备保障特性、保障系统的形成与演化规律,以及相关的理论与方法,并运用这些机理与规律、理论与方法,通过一系列相关的工程技术与指挥管理活动,实现装备的战备完好性与任务持续性以及保障费用与保障规模要求。装备保障工程技术包括装备保障特性工程、装备保障系统和装备保障特性与保障系统综合等技术。

　　为了积极适应未来信息化作战对装备保障提出的要求,我们组织人员对军械工程学院维修工程研究所十余年来在装备保障工程领域的科研成果进行了系统的总结,形成了装备保障工程系列丛书(共 22 本,其中有 16 本列入"十二五"国家重点出版规划项目),旨在为装备型号论证研制以及部队面向实战装备保障与运用提供理论和技术支撑。

　　整套丛书分为基础部分、面向型号论证研制关键技术部分和面向部队作战训练关键技术部分。

　　基础部分,主要从装备保障的哲学指导、装备保障作用机理以及装备保障模型体系等方面,构建完善的装备保障工程基础理论,打牢装备保障工程技术持续发展的基础,包括《装备保障论》《装备保障工程基础理论与方法》《装备保障工程技术型谱》《装备综合保障工程综合数据环境建模与控制》《装备保障系统基础理论与方法》《装备使用任务模型与建模方法》和《装备作战单元维修保障任务模型与建模方法》。

　　面向型号论证研制关键技术部分,主要从装备保障的视角出发,解决装备论证、研制过程中保障特性与保障系统规划、权衡和试验验证等问题,包括《装备保障体系论证技术》《型号装备保障系统规划技术》《型号装备保障特性与保障系统权衡技术》《型号装备保障特性试验验证技术》和《现役装备保障特性评估技术》。

　　面向部队作战训练关键技术部分,主要面向部队作战训练从维修保障需求确定、维修保障方案制定、维修保障方案评价和维修保障力量动态运用等方面构建完善的技术方法体系,为面向实战的装备保障提供方法手段,包括《装备作战单元维修保障要求确定技术》《装备作战单元维修保障力量编配技术》《装备作战单元维修保障资源预测技术》《装备作战单元维修保障建模与仿真》《装备作战单元维修保障能力评估方法》《装备作战单元维修保障力量运用》《装备作战单元保障方案综合评估方法》《基于保障特性的装备需求量预测方法》《多品种维修器材库存决策优化技术》和《面向任务的维修单元专业设置优化技术》。

着眼装备建设和军事斗争准备迫切需求，同时考虑到相关研究工作的成熟性，本丛书率先推出基础部分和面向部队作战训练关键技术部分的主要书目，今后随着研究工作和工程实践的不断深入，将陆续推出面向型号论证研制关键技术部分。

装备保障工程是一门刚刚兴起的新兴学科，其基础理论、技术方法以及工程实践的开展远没有达到十分成熟的阶段，这也给丛书的编著带来了很大的困难。由于编著人员水平有限，这套丛书不可避免会有很多不妥之处，还望读者不吝赐教。

丛书编委会
2015 年 11 月

前　言

在未来新的作战模式下,作战双方的对抗将表现为装备体系与装备体系之间的对抗。装备体系整体作战效能的发挥,不仅依赖于其保障对象系统优良的战术技术性能,而且依赖于其保障系统合理有效的保障。这些在很大程度上都取决于保障对象系统的 RM 质量水平。正是在这种背景下,军械工程学院课题组以"十五"以来本单位在装备作战单元 RM 方面的研究成果为基础撰写了本书。

本书以装备作战单元保障对象系统为研究对象,在分析装备保障对象系统 RM 参数体系的基础上,建立了装备保障对象系统 RM 模型、维修任务量模型以及维修任务分配模型,为装备保障对象系统 RM 评价以及配套的保障系统的资源规划奠定基础。

本书由张柳教授(第 1 章、第 2 章、第 6 章部分)、于永利教授(第 3 章、第 4 章部分、第 6 章部分)、封会娟博士(第 4 章部分、第 5 章)共同撰写,刘文武博士参与了第 6 章的研究工作,张柳教授负责全书的统稿、校对与修改。

在本书的编写过程中得到了聂成龙副主任、付康博士的大力支持,提出了许多宝贵意见,为编写好本书提供了十分有益的帮助,对此深表感谢。

由于编者水平有限,书中缺点和错误在所难免,恳请读者批评指正。

作　者

目　录

第1章 概　述

1.1　相关概念

1. 装备作战单元

作战单元是指部队建制中可以执行作战和训练任务的军事单位。作战单元包括所辖范围内的武器系统、保障系统、人员及相应的管理机构等。为了问题的简化，本书只讨论装备作战单元。

装备作战单元是指作战单元中的武器系统及其相应的保障系统。装备作战单元是有层次的，随着作战与训练任务的复杂程度的不同，其层次及其所涉及的内容和范围也相应的发生变化。按照装备作战单元层次的划分，当其划分到能够独立执行作战或训练任务的最小军事单位时，就称为装备基本作战单元。

装备作战单元中的武器系统称为保障对象系统，这是从保障系统的角度对所需保障的执行军事任务的武器装备或武器系统的一种称谓。

2. 维修任务

维修任务是指为使装备保持或恢复到规定状态所必须进行的全部维修活动，包括预防性维修任务、修复性维修任务和战损维修任务。

维修任务的产生是由于装备在使用过程中发生了磨损、故障与作战损伤等情况所导致的，所以维修任务的产生来源于装备的作战或使用过程，而维修任务的总量又与装备的可靠性和维修性水平相关。

1.2　目的与意义

纵观近年来的几场高技术局部战争，不难发现，未来我军面临的主要作战模式将是信息化条件下的各军兵种联合作战。在这种作战模式下，作战双方的对抗不再仅仅是单一武器装备在性能上的较量，更是装备体系与装备体系之间的对抗。装备体系作为一个整体，其作战效能的发挥成为影响战争胜负的关键。

装备体系整体作战效能的发挥，不仅与其所包含的装备作战单元保障对象

1

系统的战术技术性能紧密相连,而且还与相应的保障系统的配套水平及保障能力密切相关。在作战过程中,装备作战单元保障对象系统的配置数量及其作战性能的持续稳定发挥,均与其自身的可靠性、维修性、保障性(RMS)水平有关;而与之相应的保障系统的配置也必须与装备作战单元保障对象系统相适应,即必须基于装备作战单元保障对象系统的构成和其 RMS 水平构建。事实上,只有装备作战单元保障对象系统与保障系统之间实现最佳匹配,保障系统才能有效地提供精确化保障,装备体系才能在实际作战中最大限度地发挥整体作战效能。而这些,均依赖于装备作战单元保障对象系统的 RMS 水平。由此可见,装备作战单元保障对象系统的 RMS 水平是决定装备体系整体作战效能发挥的关键。

目前,对装备作战单元保障对象系统的 RMS 理论与方法的研究,更多地是针对单一装备及其以下较低层面展开的,对装备基本作战单元层面的适用性也是基于一定的假设条件的,尚不适用于装备作战单元和装备体系等较高层次。装备作战单元和装备体系层次的保障对象系统是由各种不同性能和 RMS 水平的武器装备按照一定编制、编成关系以及任务关系组织在一起的,具有明显的整体性和层次性。根据不同的作战任务要求,装备作战单元保障对象系统的组成不同,其所表现出来的作为一个整体的 RMS 涌现特性也不同,需要用不同的RMS 参数进行描述;同时,不同层次的保障对象系统之间以及同一层次中不同保障对象之间也存在着复杂的关系,这种关系也需要用不同的模型来表述。因此,装备作战单元保障对象系统在较高层次的 RMS 理论与方法,尤其是 RMS 参数体系及模型的构建是一个十分复杂的问题,需要进行深入的研究。

正是基于这种背景,本书以保障对象系统为研究对象,分析其可靠性、维修性(RM)建模的基本研究框架;分析并建立装备作战单元保障对象系统的RM 参数,给出基于特定作战任务的 RM 参数的确定方法;在此基础上,建立装备作战单元面向作战任务的 RM 模型,以及考虑战场损伤与自然故障的维修任务模型和维修任务量模型,以及维修任务在保障系统中的分派模型,从而为面向保障资源的配置和保障效果的评价提供依据。

1.3　国内外研究现状

开展装备作战单元保障对象系统的 RM 模型及其建模方法研究,需要从装备作战单元保障对象系统的 RM 参数体系、RM 参数模型和维修任务量模型的构建等三个方面进行。下面,从装备作战单元保障对象系统的各个不同层次,分析现阶段国内外在这三个方面的研究状,以全面了解和掌握当前国内外在该领域的研究情况。

1.3.1　装备作战单元保障对象系统的 RM 参数体系研究概况

装备作战单元保障对象系统的 RM 参数体系是装备作战单元保障对象系统 RM 建模的基础,它为构建 RM 参数模型和维修任务量模型提供了必要的条件。下面,分别从国外和国内两个方面出发,对装备作战单元保障对象系统的 RM 综合参数和 RM 单项参数的研究现状进行分析和总结。

1.3.1.1　国外 RM 参数体系研究现状

国外,尤其是欧美国家 RM 参数体系研究开展较早,成果也比较显著。1980 年,美国防部指令 DoDD5000.40 指出,系统的 RM 要求应该反映系统四个方面的使用特性,即战备完好、任务成功、维修人力和后勤保障费用;1993 年,北约在颁发的"可靠性及维修性要求文件编写指南"ARMP - 4 中也提出了与美军相同的系统 RM 要求。实际上,反映这四个方面需求的系统的 RM 参数可以分为两个大类,即可靠性维修性的 RM 单项参数,以及战备完好任务持续的 RM 综合参数。

1. 可靠性维修性单项参数

美国早在 20 世纪 50 年代就诞生了可靠性工程,标志即 1958 年颁发的可靠性大纲 MIL - STD - 441,提出了固有可靠性和使用可靠性的要求。之后,经过多次修订,美国国防部在 2008 年 8 月发布了新的可靠性标准 GEIA - STD - 0009,提出了一系列有关系统可靠性的参数,为系统和设备在设计和生产中确保可靠性并在使用中保持高可靠性规定了措施和步骤。

英国国防部早在 20 世纪 70 年代就制定并发布了 RM 防务标准系列,并于 1981 年开始颁发 00 - 40 系列 RM 标准,如英国国防部在 1993 年颁发了"可靠性维修性实用方法和程序指南 00 - 41",对可靠性维修性的原理、实用方法和程序进行了阐述,为参与国防部装备研制和生产的人员提供了指导。北约自 20 世纪 80 年代初期开始颁发可靠性及维修性系列标准,并不断进行修订,如"可靠性及维修性要求文件编写指南"和"可靠性及维修性要求"等。在这些有关标准中,均提出了 RM 有关参数的描述。

北约在"可靠性及维修性要求文件编写指南"中,根据系统的复杂性和使用条件给出了影响可靠性的参数及方法,如表 1 - 1 所列。

表 1-1　系统的复杂性和使用条件影响规定
可靠性的参数及方法

分类	连续工作长寿命 （可修复）	间断执行短任务 （可修复）	连续或间断工作 （不可修复）	一次性使用 （与时间无关）
复杂系统	$R(t)$ MTBF	$R(t)$ MTBF	$R(t)$ MTTF	$P(S)$ $P(F)$
系统－分系统－ 设备－单元组	$R(t)$ MTBF	$R(t)$ MTBF	$R(t)$ λ	$P(S)$ $P(F)$
单元－组件－ 分组件－零件	λ	λ	λ	$P(F)$

注：$P(S)$—成功概率；$P(F)$—故障概率；$R(t)$—特定任务或时间区段 t 的可靠度；MTBF—平均故障间隔时间或平均寿命；λ—故障率；MTTF—故障前平均时间

在 2005 年美国国防部颁布的"可靠性、可用性和维修性指南"中，给出了描述可靠性的参数，如故障率 λ、瞬时故障率、平均故障间隔时间（MTBF）、平均维修间隔时间（MTBM）、平均修理间隔时间 MTBR、平均严重故障间隔时间（MTB-CF）、平均使用任务故障间隔时间（MTBOMF）、平均故障前时间（MTTF）等。

在维修性方面，2000 年由美国国防部可靠性分析中心 RAC 出版的维修性工具箱、可靠性、可用性和维修性指南以及其他相关文件中，都给出了描述维修性的参数。其中包括：概率类参数，如修复率（FR）；时间类参数，如平均修复时间（MTTR）、最大有效的修复性维修时间（M_{max}）、平均预防性维修时间 M_{pt}、平均有效维修时间 $\overline{M}$、平均系统恢复时间（MTTRS）、平均功能恢复时间（MTTRF）、平均停机时间（MDT）；工时类参数，如维修（工时）率（MR）等。美空军还提出了详细的维修指标体系，分为与飞行有关的指标、与维修有关的指标、与供应有关的指标、与维修车间有关的指标、与训练有关的指标和空中机动司令部专用的指标等六类，并都给出了维修指标的定义和度量公式。

2. 可靠性维修性综合参数——战备完好性与任务持续性参数

美国防部参谋长联席会议出版物 JCS Pub1－02 中规定了军事能力的两大支柱，即战备完好性和持续作战能力。战备完好性是武器系统及时投入部署和使用，并且发挥作用的能力；持续作战能力是系统按照必要的强度和持续时间执行作战任务，以达成军事目标的能力。这样，系统的综合参数可以分为战备完好性和任务持续性两大类。其中，对于战备完好性参数的研究比较多，而对于任务持续性参数的研究则较少。

国外尤其是美国历来都重视装备的战备完好性。2002 年,美军颁布了 DoDD7730.65"国防战备完好性报告系统",该系统用于测量和报告军事力量和后勤组织的战备完好性是否满足国防部指派的任务和目标,旨在建立一个基于能力的、可实现的、接近实时的战备完好性报告系统。2003 年,美空军颁布了 AFI10 – 602"确定后勤保障性与战备完好性要求"(2005 年修订为"确定任务能力与保障性要求"),对美空军所属的多类武器装备及分系统,给出了详尽的战备完好性的度量参数、定义及度量公式。2004 年,美陆军条例 AR700 – 138"陆军后勤战备完好性和可持续能力"中对美国陆军装备,尤其是飞机和导弹两大武器系统的战备完好性信息的报告与管理的有关程序做了详细的规定,要求各级司令部逐级向上报告装备的技术状态和战备完好性,为实现战备完好性目标、改进战备完好性缺陷提供依据。

系统的可用性在较低的层面表征了战备完好性,度量的是系统在受领任务的任意时间点上,处于能够使用并能够执行任务状态的程度。外军非常重视可用性,将其与可靠性、维修性同等看作装备的三个最重要的质量特性。英国国防部标准 00 – 40 系列 RM 标准指出,装备的可用性、可靠性和维修性是其保障资源使用中的主要主导因素,因而也是使用费用的主要主导因素。美国国防部在 2005 年颁发的"可靠性、可用性和维修性指南"中定义了一个术语 RAM,是指一个系统及其使用保障的三个相关特性:可靠性、可用性和维修性,同时指出,RAM 对战备完好性、系统安全、任务成功、总拥有费用和后勤规模等方面都有重要的影响。

战备完好性常用的度量参数有战备完好率 P_{or} 和使用可用度 A_o。其中,可用度是一个常用的度量参数,美各军兵种对其非常重视。可用度主要分为固有可用度、可达可用度、使用可用度和使用时间比(使用时间/(使用时间 + 停机时间)),其中前三个与时间无关的稳态方程,而使用时间比则是从时间的角度来进行度量。在詹姆斯·琼斯 1991 年编著的《综合后勤保障手册》中指出,可用度仅能用于系统级,或者用户需要一个完整的产品以执行一项任务的级别,如可以应用于汽车、飞机、坦克等,也可以应用于飞机编队或坦克车队,但不能用于单独的零件或不能单独执行一项任务的子系统。在美空军 2000 年的《作战试验与评价中心手册 99 – 104》中,给出了"任务可用性—时间线模型"和"使用可用性—时间线模型",从时间因素方面对可用度进行了分析。在美海军 2003 年颁发的《美军使用可用度手册》中,对使用可用度进行了详尽的数学描述,指出使用可用度 A_o 是可靠性、维修性以及保障性等要素的概率函数,主要影响 A_o 的量值是 MLDT。

实际上,由于装备的类型、任务范围和使用特点的不同,用于标志不同装备战备完好性的参数也不相同,不存在对所有装备都适用的、统一的战备完好性度量参数。例如,飞机常用能执行任务率(MCR)和出动率(SGR),分别表示平时和战时的战备完好性;一次性作用的导弹或弹药等选用储存可用度表示战备完好性;进入同步轨道运行的航天器则用在轨可用度来表示战备完好性;美海军则提出了作战出击率、平时可执行任务率、使用可用度和装备完好率等。

任务持续性是除战备完好性之外的另一个重要军事能力支柱。美空军作战试验与评价中心手册指出,对于在执行任务过程中不能修复的系统,选取任务可靠度 R_m 作为持续能力的度量;对于连续使用的系统来说,则选取使用可信度 D_o 度量。美陆军虽然提出了一个持续能力的概念,并将其分为绿色、琥珀色、红色和黑色等四个从高到低的等级,但与战备完好性相比,在任务持续性方面的规范或指令还是较少。

系统的可用性、可信性和作战能力相互关联,其组合决定了系统效能(SE),这也是与 RM 相关的一个综合参数。美海军在其使用可用度手册中给出了系统效能的影响因素,如图 1-1 所示。

但在实际应用中,装备一旦生产出来,其战术技术性能就相对固定下来。如果假设战术技术性能稳定,主要考虑 RMS 的影响,在研究时就可以认为能力为常数,而只考虑可用度和可信度,因此任务效能所研究的问题也就是能否"招之即来"以及是否"来之能战"的问题。在美国空军指令文件 AFI10-602 中定义为 $E_M = A_o \cdot D_o$,即为使用可用度和使用可信度的乘积。

此外,美空军还提出了作战适用性的概念,即在考虑可用性、兼容性、运输性、互用性、可靠性、战时利用率、维修性、安全性、人因、人力保障性、后勤保障性、自然环境效应与影响、文件以及训练要求的情况下,系统令人满意地投入外场使用的程度。这是一个涉及 RM 参数的综合后勤保障复杂顶层参数,其框架包括了战备完好性和持续作战能力,与部署、使用和维持都有很大的关系。

然而,虽然美军各军兵种基本上建立了比较完整的参数体系,但是由于美军与我们的保障体制和实际情况有很大差别,因此,只能在一定程度上借鉴。

1.3.1.2 国内 RM 参数体系研究概况

国内学者也对 RM 参数体系也进行了大量的研究,并取得了许多成果。1990 年我国颁发的 GJB 451《可靠性维修性术语》及 2005 年修订的 GJB 451A《可靠性维修性保障性术语》,将系统特性分为 RMS 单项特性和综合特性,并以国军标的形式形成了权威定义,这为后续的 RM 参数体系研究工作提供了基础。

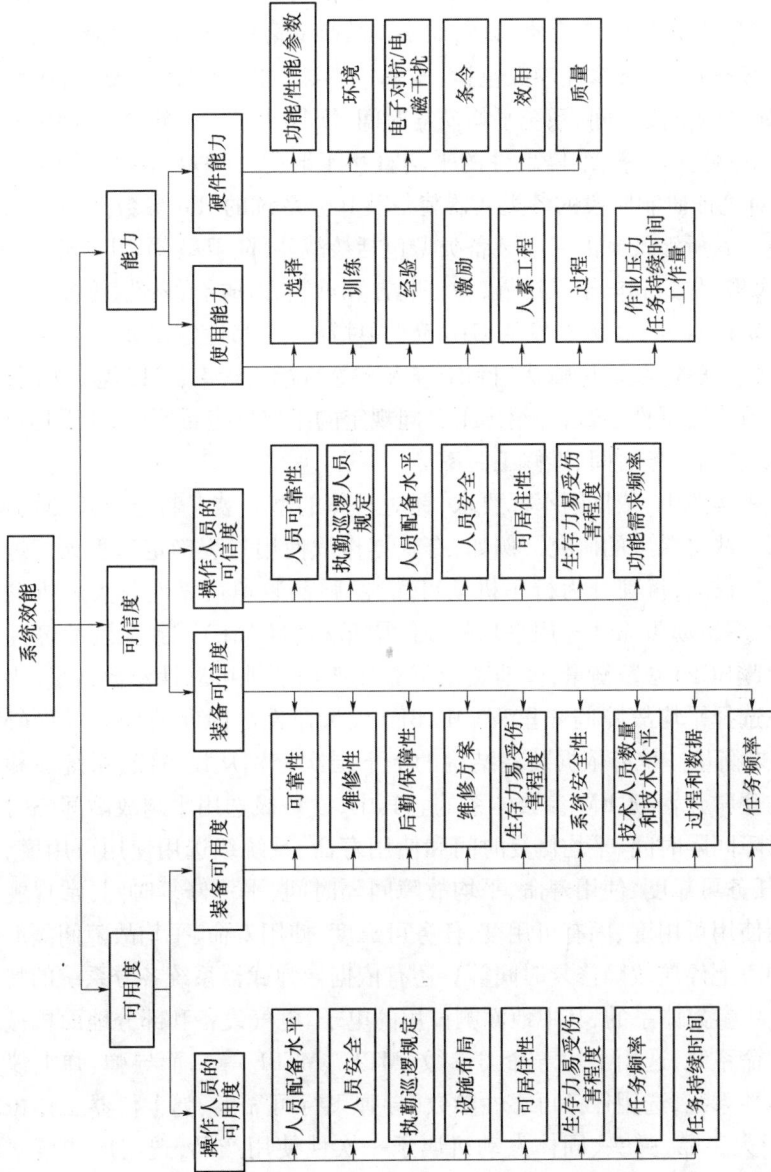

图1-1 系统效能影响因素

7

1. 可靠性维修性单项参数

RM 单项参数在国军标中规定的很详细。GJB 451 及 GJB 451A 所规定的单项特性参数中，可靠性参数包括：概率类参数，如可靠度、任务可靠度、成功概率、故障率、储存可靠度等；寿命类参数，如平均故障间隔时间、平均致命性故障间隔时间、使用寿命等。维修性参数包括：概率类参数，如维修度、修复率；维修时间类参数，如平均修复时间、系统平均恢复时间、恢复功能的任务时间等；维修工时类参数，如维修工时率、维修事件的平均直接工时等。1994 年我国颁发的 GJB 1909 中，对论证研制阶段的各类武器装备及其分系统的 RM 参数选择给出了详尽的阐述。其所涉及到的武器装备类型包括核战斗部、卫星、军用飞机、舰船、装甲车辆、火炮、弹药和电子系统等，为订购方和承制方选择可靠性、维修性参数提供了依据。1994 年，我国颁发的 GJB 368 中指出，维修性定量要求应该能反映战备完好性、任务要求、保障费用和维修人力等目标或约束，可以规定为时间、工时数的函数或测试性参数，并给出了合同规定的维修性定量要求，如平均修复时间、恢复功能的任务时间、维修工时率等。

在工程实践中，依据国军标要求，针对具体的型号装备特点以及使用特点，还开展了一些更深入的研究。例如，有依据作战使用过程确定远程火箭炮武器系统 RM 参数的，将其分为行军机动可靠性、弹药装填可靠性和火力机动可靠性，其中行军机动可靠性选用平均故障间隔里程（MMBF）或致命性故障间的任务里程（MMBCF）参数衡量，弹药装填可靠性选用装填可靠性参数衡量，火力机动可靠性选择平均故障间隔里程（MMBF）或致命性故障间的任务里程（MMB-CF）参数来衡量。也有依据装备结构的上下层次分别从设备级、系统级和装备总体级构建常规潜艇 RM 参数体系的。其中，设备级选用平均故障间隔时间或致命性故障间隔时间、平均修复时间和使用寿命，系统级选用使用可用度、固有可用度、任务可靠度、使用寿命、平均故障间隔时间、平均修复时间，常规舰艇总体级选用使用可用度、固有可用度、任务可靠度、使用寿命、平均故障间隔航行时间和平均海上停航故障修复时间等。还有依据导弹武器系统各分系统的特点不同构建 RM 参数体系的，其中地面测试用的电子、电气设备和部分地面机械设备属于长寿命系统，选用平均寿命类参数（MTTF、MTBF 等），而导弹、弹上仪器属于高可靠性系统，选用任务可靠性参数（导弹飞行可靠度、弹上仪器工作可靠度等），对于火工品、弹头、固体发动机属于一次性使用产品，选用成功概率参数（火工品的工作可靠性、弹头的引爆可靠性和固体发动机的工作可靠性）；对于一些元器件、组件及装置在其任务时间内可靠度接近 1，则可以以故障率作为其参数。

2. 可靠性维修性综合参数——战备完好性与任务持续性参数

RM 综合参数在 GJB 451 及 GJB 451A 中的规定包括系统效能、作战适用性、持续性、战备完好性、任务成功性、可用性等,其衡量参数有装备完好率、使用可用度、可达可用度、固有可用度、任务成功度、能执行任务率、能执行全部任务率、能执行部分任务率、利用率、任务前准备时间和再次出动准备时间等。

1999 年,我国颁发的 GJB 3872 对使用 RM 参数和合同 RM 参数进行了划分。同时,给出各类装备系统的战备完好性参数,如表 1 - 2 所列。

表 1 - 2 装备系统战备完好性参数

飞机	能执行任务率(MC)、出动架次率(SGR),利用率(UR)、使用可用度(A_o)、再次出动准备时间(TAT)
装甲车辆	使用可用度(A_o)、再次出动率,能执行任务率,单车战斗准备时间
舰船	使用可用度(A_o),在航率
陆基导弹	能执行任务率(MC)、发射(技术)准备时间,使用可用度
地面通信系统	能执行任务率(MC),能工作率(UTR),利用率(UR)

结合具体的装备特点和使用特点,国内学者在军标的基础上做了更深入的研究。例如,提出了常规潜艇武器系统的综合参数为使用可用度 A_o、能执行任务率 MC 和任务成功概率 P;提出了导弹武器系统在作战准备阶段的 RM 综合参数为作战准备完好率、在任务执行过程中的 RM 综合参数为发射准备可靠度、发射准备阶段平均修复时间、飞行可靠度和引爆可靠度等。这些只是针对单一装备层面的研究,此外还有针对装备基本作战单元层面的 RM 综合参数的研究,但为数不多。这一层面的研究重点在于提出装备基本作战单元级的 RM 综合参数的概念与内涵,即完好性参数(使用可用度和装备完好率)和任务成功性参数(可信度、任务效能和任务成功概率)。目前,主要提出装备基本作战单元级的 RM 综合参数为战备完好率、装备完好率、任务持续、平均任务持续时间和任务持续能力平均恢复时间的。其中,战备完好率是指参与作战单元任务的所有基本作战单元均处于能执行任务状态的概率;装备完好率可用所有基本作战单元完好装备的数量除以总的装备数量;任务持续度是指装备系统在规定的任务持续时间内和规定的保障条件下,完成规定的任务强度或规定的任务覆盖时间要求的概率;平均任务持续时间是指基本作战单元在规定的保障条件下,保持完成规定任务要求(指规定的任务强度和任务覆盖时间)的持续时间,可用基本作战单元总的运行时间和运行时间内基本作战单元持续任务序列的个数之比定义;任务持续能力平均恢复时间是指每次中断装备系统恢复到持续任务要求水

平的平均时间,可通过试验统计平均值进行度量。针对飞行团,提出再次出动准备时间这一参数。

通过上述分析可见,RM 综合参数在装备和装备基本作战单元层上的研究比较普遍,形成了某些武器系统的参数体系。在装备作战单元以及更高的装备体系层次,则其参数的研究还处于初级阶段。

1.3.2 装备作战单元保障对象系统的 RM 参数模型研究概况

在装备作战单元保障对象系统不同的层次上,其所构建的 RM 模型各不相同。下面,针对不同的装备作战单元保障对象系统层次,分别对其 RM 模型的研究现状进行分析。

1.3.2.1 装备层次的参数模型

1. RM 单项参数模型

单装层次的 RM 单项参数模型主要是基于可靠性框图的构建,采用系统状态分析的方法来获取。现阶段,针对几种基本的可靠性关系,如串联、并联、混联、冷储备/温储备(包括开关不可靠的情况)和表决等,均建立了比较完备的可靠性逻辑框图模型和数学模型,且适用于不同寿命分布的不同部件。同时,在这些基本的可靠性系统之外,对于一些特殊系统或复杂系统,如考虑有共同的原因引起系统中多个部件失效的相依部件并联系统、有冷储备部件的串联系统、连续 k/n 系统、二维 k/n 系统以及具有独立单元的可靠性系统(网络系统)等,均分析并建立了其数学模型,这些模型十分复杂,但可以在指数分布的特例下进行简化。另外,对于具有两类失效部件(如开路和短路)组成的系统,如 n 个部件并联排列的系统、n 个部件串联排列的系统、表决系统、串/并联系统和并串联系统等,也讨论并建立了其系统可靠度的最优化模型。值得注意的是,以上建立的可靠性数学模型,都有一个基本的假设,即假设各个部件的寿命分布是相互独立的。事实上,很多系统中部件的失效率是相互影响的,如分担负载系统(当一个部件发生故障后,剩余的工作单元共同分担同样的负载),都有相应文献对这种系统进行分析并建立可靠性数学模型,具有较强的实践意义。

不同于可靠性模型,对维修性模型的研究比较少。在具体的系统维修性模型的研究过程中,维修模型的建立主要是用来解决维修性有关参数的问题。在工程实践中,维修性参数主要核心是指时间类参数,因此,维修性模型的核心也是维修时间模型,如系统维修时间与维修事件的维修时间的关系模型、系统维修事件的维修时间与相关维修活动时间的关系模型、维修工时的数学模型等。

当前的研究更多是根据复杂系统结构上和维修上的特点,去建立复杂系统多重故障维修情况的系统平均修复时间预计模型,但也只是限于指数分布下讨论,且只建立了串并混联等有限几种可靠性关系的平均修复时间模型,对于多种复杂结构的多种维修性参数模型的构建问题没有深入研究,还有一定的局限性。

在实际应用中,考虑到系统的复杂性和数学方法的局限性,人们往往选择更为简单实用的仿真方法进行 RM 建模研究。对仿真方法的应用比较广泛,如在蒙特卡罗仿真方法的基础上,建立基于赌轮规则的维修路径选择算法的系统维修时间仿真模型等。由于关于仿真方法的文献众多,这里不再赘述。

2. RM 综合参数模型

单装层 RM 综合参数模型的建立主要集中是可用度、可信度和系统效能等方面。

目前国内外学者在可用度方面做了大量的工作,主要包括用马尔可夫过程可以建立指数分布系统的可用度模型,用更新过程等可以解决非马尔可夫型系统可用度的数学模型建立问题,借助仿真技术可以实现复杂可修系统的可用度建模问题,等等。由于不同的维修策略对于系统的可用度有着很大的影响,目前不少的研究将重点放在了特定维修策略下的可用度模型的构建上。例如,针对立即备件更换策略和周期性备件更换策略下的 k/n 系统的可用度模型;考虑保障延误时间的可修系统的可用度数学模型;在一个修理工和 K 个修理工时条件下的串联、并联和冷储备、表决系统的可用度模型;在储存期间的导弹储存可用度瞬时和稳态模型;考虑预防性维修的离散时间单部件系统的瞬态可用度模型;基于已有的修如旧模型和修如新模型条件下的系统可用度复合储存模型等。

在可信度方面也开展了一定的研究工作,但针对发生多次致命性故障时复杂可修系统可信度的建模问题解决得并不好。为此,当前的研究主要是进行适当修正,如从系统组成部件层次开始研究,在确定出每一部件的任务修复时间置信上限的基础上,去建立能够描述多次致命性故障的复杂串联可修系统的可信度模型。

经典的系统效能模型是美国工业界武器系统效能咨询委员会(WSEIAC)给出的 $E = A \cdot D \cdot C$ 模型。目前,许多工作集中在对此模型进行应用扩展上。例如,在分析系统效能定义及影响因素的基础上,提出 RMS 效能 E_{RMS} 的概念,并推导可修复系统和不可修复系统的 E_{RMS} 表达式,不可修装备在多阶段多任务下的 E_{RMS} 的综合表达式;或者基于效能 ADC 模型,根据马尔可夫随机理论,基于分系统的可靠性参数(如 MTBF 和 MTBCF)和维修性参数(MTTR)建立某型装备的效能模型,从而评估 RM 参数对系统的效能的影响;等等。

1.3.2.2 装备基本作战单元层次的参数模型

1. RM 单项参数模型

在装备基本作战单元层次,对任务可靠性方面的研究比较普遍,如:建立了某通信系统对空战任务、对海战任务、反潜任务和编队指挥任务下的任务可靠性模型;建立了针对 n 枚导弹攻击单个目标和 m 枚导弹攻击 n 个目标两种作战任务的某型装备可靠性模型;建立了基于 PMS 理论的某型装备的任务可靠性模型和马尔可夫求解方法;建立了基于故障树的复杂系统可靠性模型等。

与装备层相似,装备基本作战单元层次针对维修参数模型的研究要远远落后于可靠性参数的研究。而且装备基本作战单元层的维修性模型构建必须要考虑到装备基本作战单元的使用特点。例如,在作战使用阶段,装备的抢修处理方式一般以成件更换为主,拆下的故障单元返厂修理。针对这种情况,目前的研究做法仍是采用构建装备基本作战单元维修性框图的方式,在此基础上采用时间综合法来建立 MTTR 参数模型,把与维修活动各部分有关的时间加在一起获得该维修活动的总维修时间。也有应用二元决策图 BDD 分析共因故障的方法,并应用马尔可夫方法通过分析系统的状态转移图描述系统维修过程,从而进行维修性定量分析,得到系统的一些维修性指标。

2. RM 综合参数模型

针对装备基本作战单元层的综合参数模型的研究主要涉及到可用度、任务效能、任务成功概率等方面。在可用度方面,目前主要的做法是把装备基本作战单元的状态分为工作状态、备件包等待状态和维修状态,首先在假设上述三种状态时间均服从指数分布的条件下,建立装备基本作战单元的瞬时可用度和稳态可用度模型,然后再考虑上述状态时间为一般分布的情形时,去建立装备基本作战单元的平均稳态可用度模型。

在任务效能方面,目前的主要做法是:建立只有单个任务阶段的简单任务的任务效能模型,即任务开始时刻 t 的可用度和在固定长度的任务持续时间内的可靠度的乘积;在此基础上建立具有若干个随机任务阶段的复杂任务的任务效能模型;最后针对特定装备基本作战单元及其使用任务,建立任务效能数学模型。

任务成功概率也是表征任务成功性的一个度量参数。对该参数的评价目前多采用构建仿真模型求解,如:基于 Petri 网仿真的复杂关联系统的任务成功概率模型;可反映资源约束对任务过程的影响以及任务过程间的相关性的复杂任务成功概率 E-GERT 模型;基于最小维修策略的多阶段任务成功性仿真模型;

有限备件条件下的多阶段任务成功概率等。

1.3.2.3 装备作战单元层次的参数模型

针对装备作战单元层次的参数模型建立的研究非常少。有个别文献在分析师旅级装备作战单元任务和构成特点的基础上,尝试利用 Petri 网仿真方法建立师旅级装备作战单元的任务成功概率模型,以分析一个包含多个装备基本作战单元且每个基本作战单元拥有独立任务(且任务时间起点、终点各不相同)的装备作战单元的任务完成情况。但是从目前的研究状态看,尚未对任务过程中系统的状态进行破解,只能评估作战任务的最终效果,而对其中间过程则不能探究,方法还不成熟。

1.3.2.4 装备体系层次的参数模型

装备体系保障对象系统是一个由众多的硬件和软件系统构成的复杂巨系统,具有复杂的网络结构特征。目前,针对装备体系的 RM 研究的不足,则开展了对网络系统的 RM 研究。

网络系统的 RM 模型研究主要集中在网络可靠性方面。国外早在 20 世纪 60 年代就开展了网络可靠性的研究,并提出了用"延迟概率"作为系统效能参数来衡量计算机网络的可靠性。从 20 世纪 80 年代开始,随着系统复杂性的提高,确定复杂系统尤其是软硬件结合的网络系统的可靠性成为研究的热点,并取得了大量有益的成果。例如,针对大规模计算机通信系统的可靠性评价问题的割集条件概率法、联合评估模型等;针对复杂网络系统可靠性问题的网络函数法、故障树定量分析法等;解决不确定性故障数据和建模不足问题的模糊概率评估法;针对电力和运输网络等多种复杂网络系统的路径分析法等。

国内在网络系统 RM 模型的研究工作的相对较晚,但也取得了一定的成果。例如,对装备特殊环境下的计算机网络安全可靠性技术进行了初步研究;运用智能粒度分层分析方法对计算机网络可靠性数值进行了研究;提出了一种基于因子定理的计算机集成制造系统网络可靠度计算方法等。

从相关资料来看,目前国内外对于网络可靠性的研究大多是将网络抽象为一个由节点和链路组成的传送各种信息(业务流)的流程图进行分析。

1.3.2.5 基于 PMS 的复杂任务建模方法

装备作战单元保障对象系统的作战任务一般为复杂任务,尤其在单装以上的层次更为明显。在复杂任务下建立装备作战单元保障对象 RM 参数之间的模型,需要用多阶段任务系统(PMS)理论来解决。

多阶段任务系统由多个截然不同的阶段组成,在时间上具有连续性和不重叠特征,系统在每个阶段的配置、正常工作的要求和部件的工作状态都会随着阶段的变化而不同。多阶段任务系统可靠性分析与单阶段任务系统相比更加复杂,主要原因是多阶段任务系统中存在着部件跨阶段的依赖性以及各个配置的差异性,同时还受到任务要求的影响。为此,多阶段任务系统理论的核心内容为:一方面要将每个任务阶段的初始状态和结束要求均要描述清楚,另一方面要将各阶段之间任务转换时的装备状态描述清楚,在此基础上,根据任务阶段划分的逻辑关系(串、并、混等)建立装备作战单元的战备完好与任务成功性模型。

对于任意装备作战单元保障对象系统而言,只要将其承担的复杂任务按照一定的逻辑规则划分为多阶段任务,即可采用多阶段任务系统理论进行求解。

目前,有不少国内外文献对此开展研究,形成的分析方法主要有马尔可夫模型法、半马尔可夫模型法、蒙特卡罗仿真法、贝叶斯分析法和故障树法等。

综上可知,在装备作战单元保障对象系统的各个层次虽然都有相应的参数模型研究,但主要集中在单一装备层和装备基本作战单元层,基本上建立了各种参数的可靠性框图模型、仿真模型或解析模型等。在装备作战单元层,主要是针对少数综合参数的仿真研究;而在装备体系层,则主要针对网络系统进行了 RM 模型的初步研究。

1.3.3 装备作战单元保障对象系统的维修任务量模型研究概况

目前,对装备作战单元保障对象系统维修任务量模型的研究比较少。只有少数文献在维修任务量的预测方面开展了一些研究工作。例如,有的文献在分析影响机械维修任务量的主要因素(机械故障率、机械作业时间、机械投入量和事故损伤)的基础上,分别建立了简单性维修工作的维修工作量和考虑损伤的复杂性维修工作的工作量算法模型,虽然是针对机械维修工作的,但对维修任务量的计算研究提供了有意义的指导。也有的文献在假设故障历史记录正确、发生故障的详细信息已知的基础上,构建了故障类型矩阵和故障数矩阵,但这些任务量是指故障数,没有拆分到具体的每条维修任务,只是在经验数据的基础上进行规范化,没有结合具体作战任务研究维修任务量的来源及产生过程。还有的文献提出了在预测战时装备损坏数的基础上,从装备故障的一些统计数据出发,利用作战模拟法与解析法相结合建立装备维修工时量的计算模型,并在一定程度上结合专家判断,做适当修正后,实现战时装备维修任务量预测模型的建立。但由于采用了仿真模拟的方法,只能根据所给定的平均损伤概率预测一次确定作战任务下的维修任务量,而并不能反映此任务下装备所产生的所有可能战损任务的任务总量。尚不能为保障资源的配置提供更为精确的依据。

实际上,在维修任务方面的大多数研究工作主要集中在维修任务的指派或分配模型,即研究如何将维修任务按照一定的分配机制分配到一个或多个维修机构上,以充分利用保障系统资源,尽早恢复作战单元战斗力等。除此之外,与维修任务相关的还包括对维修任务调度的研究,即对装备维修过程中的各个环节、修理单元的活动进行分析,对维修资源、维修活动进行优化规划的过程等。另外,有一些文献从分析复杂装备系统维修过程的角度,建立维修任务之间的逻辑关系模型,为有效分析维修任务、指定维修计划提供工具支持等。

可见,对维修任务量模型的研究非常少,且没有保障对象系统层次的划分。

1.3.4 分析与总结

通过上面对国内外研究现状的分析,可以得出以下结论。

1. 在参数体系构建方面

在参数体系构建方面,国外尤其是美军的研究比较全面和深入。国内在引进、消化、吸收、创新的过程中,对于单一装备的 RM 参数体系研究比较成熟;从任务的角度出发,对基本作战单元的 RM 参数也开展了较为深入的研究;而对装备作战单元级别,参数研究很少;在装备体系级别,则针对 C^4ISR 系统和网络体系方面进行了初步的探讨。

2. 在 RM 模型构建方面

在 RM 模型构建方面,在装备层次和装备基本作战单元层次基本上建立了比较成熟的模型。而在装备作战单元层次,由于参数定义的不明确,其 RM 模型的研究也受到很大的制约。具体来讲,在单一装备的 RM 参数模型方面的研究比较广泛,无论针对单项参数和综合参数,都有许多成熟的模型;对于装备基本作战单元层次,大多研究沿袭了装备层次的参数模型,把所有装备看作一个整体,而非个体,实际上还是可以用装备层的成熟模型解决问题的;对装备作战单元层 RM 模型的研究较少,如采取仿真的方法对某个综合参数进行了分析和研究;而对装备体系层的 RM 参数模型研究,主要集中在 C^4ISR 系统和网络体系RM 模型的研究方面,也形成了一定的研究成果。

3. 在维修任务量模型构建方面

专门针对维修任务量模型构建的研究相当少,一些文献虽然针对维修任务量的预测进行研究,但缺乏对具体作战任务下的自然故障和战损两种维修任务量进行细致准确的研究,因此也就无法为保障资源的配置提供较为准确的依据。目前,关于维修任务的大多数研究工作集中在维修任务分配问题的解决,一些工作对维修任务的调度模型进行了研究,还有一些文献从维修任务的角度构建了维修过程模型。

由于国外尤其是美军对保障对象系统的划分是从"系统"和"系统的系统"两个层面展开的,与我们的层次划分没有严密的匹配。因此,虽然国外无论是参数还是模型的研究均比较深入,但是应用到我们的研究中,还需要做大量的工作。

1.4 本书的内容结构

本书的主要内容结构如图1-2所示。

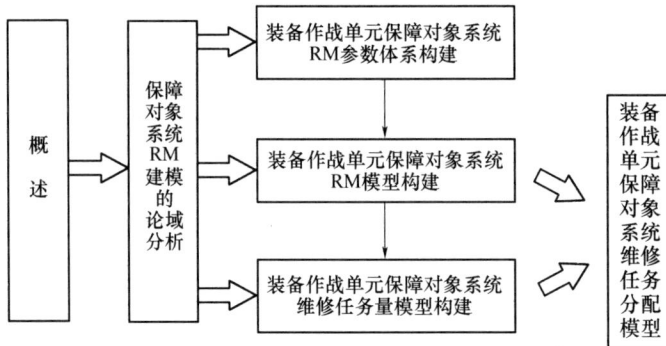

图1-2 本书的内容结构

(1)概述。

(2)保障对象系统 RM 建模的论域分析。明确装备作战单元保障对象系统的定义及内涵;分析保障对象系统 RM 建模的需求、研究目标、研究对象和研究时域;确定了保障对象系统 RM 建模的两个研究框架:基于全寿命过程的研究框架和基于使用过程的研究框。

(3)装备作战单元保障对象系统的 RM 参数体系构建。明确装备作战单元保障对象系统 RM 参数构建的基本原则;逐层分析构建装备层、装备基本作战单元层次、最小任务单元层和装备作战单元层保障对象系统的 RM 参数;给出了针对具体作战任务的保障对象系统的 RM 参数的确定方法与示例。

(4)装备作战单元保障对象系统 RM 模型构建。按照装备作战单元保障对

象系统的层次,分别给出了装备层和装备基本作战单元层保障对象系统的 RM
模型,以及最小任务单元层和装备作战单元层保障对象系统 RM 模型的构建方
法与模型,并给出具体的示例。

（5）装备作战单元保障对象系统维修任务量模型构建。明确保障对象系统
维修任务的定义和描述方法;针对自然故障和战损维修任务,分析最小任务单元
层保障对象系统的维修任务全集的确定方法;基于维修任务全集,给出了基于具
体作战任务的保障对象系统维修任务子集的确定方法;根据保障对象系统的
RM 特性和任务信息,给出保障对象系统在某个作战任务下的维修任务量的确
定方法与示例。

（6）装备作战单元保障对系统维修任务分配模型。建立了维修任务与实体
的分配关子矩阵,在此基础上构建了维修任务量的分摊关系矩阵;给出了分摊率
的批处理方式和确定原则,建立了维修实体的维修任务集和维修任务量模型。

1.5　本章小结

本章在一些基本概念的基础上,首先阐述了本书的目的和意义;其次,对国
内外在装备作战单元保障对象系统参数体系、参数模型和维修任务模型方面的
研究现状进行了综述和总结;最后,概述了本书的内容结构。

第2章 保障对象系统 RM 建模的论域分析

2.1 保障对象系统 RM 建模需求

依据文献[1]中对装备综合保障的论述:装备综合保障以装备的使用需求为牵引,以装备作战效能的发挥为目的,在装备全寿命过程中的每个阶段,成系统、成建制地综合考虑装备的质量特性和装备的保障要求。其核心解决的是装备使用、装备质量及装备保障之间的复杂作用关系。装备使用是通过一系列的军事作战与训练任务构成的,保障对象则是由一定 RMS 质量水平的装备构成的,而装备的保障是由相匹配的保障系统来完成的。在实际作战中三方的无缝链接、完美配合,共同达成最佳作战效果。因此,从这个意义上来说,装备综合保障的研究对象就是由作战任务系统、保障对象系统和保障系统所构成的复杂系统。

在实际的作战中,作战任务驱动了保障对象的使用,而保障对象的使用则牵动了保障系统的运行;反之,保障系统的运行影响了保障对象的状态,而保障对象的状态则直接影响了作战任务的完成。具体关系如图 2 – 1 所示。一旦作战任务明确,保障对象系统的构成(参战装备的类型与数量)也相应确定下来。参战装备的数量除了与作战要求相关,还与它的 RMS 水平相关。RMS 水平高,完成任务的能力就强,所需的参战装备数量就少;RMS 水平低,完成任务的能力就会降低,所需的参战装备数量就多。另外,保障对象系统在执行作战任务的运行过程中,基于 RMS 水平和作战任务,会产生大量的故障与损伤维修任务和资源需求。保障系统只有基于保障对象系统的运行方式和 RMS 水平进行合理的配置,才能提供有效的保障,保障对象系统的性能才能充分发挥。可以说,在三个系统的相互作用中,保障对象系统起到了桥梁和枢纽作用。

因此,保障对象系统的 RMS 研究是装备综合保障领域的重要内容。要研究这个问题,首先必须研究反映系统运作特点的模型问题。在 RMS 中,RM 是保

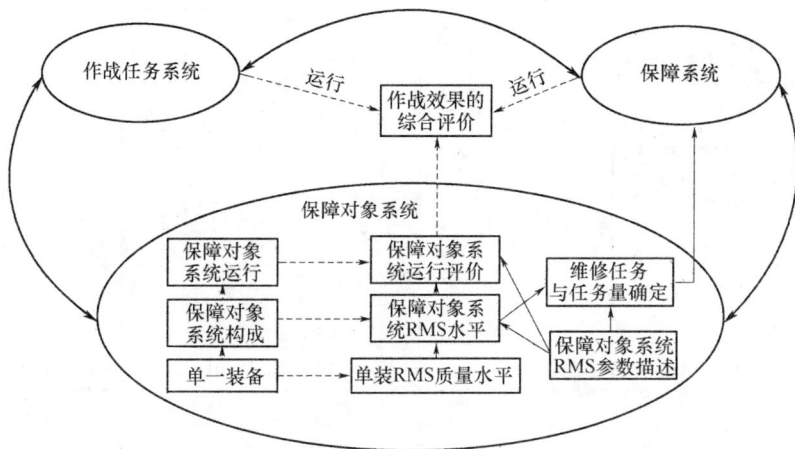

图 2 - 1　作战任务系统、保障对象系统与保障系统之间的关系

障对象系统最本质的两种质量属性,在界定了一定的(或理想的)保障条件下,
RM 就能综合反映保障对象系统的质量水平,亦即反映出装备的维修任务需求。
因此,本书的核心即提供解决保障对象系统的 RM 建模问题的方法。

2.2　保障对象系统的内涵分析

2.2.1　保障对象系统的定义

　　保障对象是指直接执行各种军事任务的武器装备或武器装备的集合。实际
上,保障对象是一个泛指的概念,其范围可大可小,取决于研究或关注的需要。
从这个意义上来讲,这个概念是与系统的概念类似的,因此可以定义保障对象系
统的概念。

　　保障对象系统是指由若干个相互作用和相互依赖的武器装备结合而成
的具有特定功能的有机整体。实际上,保障对象系统是与装备作战单元中
执行作战任务的主体相对应的。我们之所以称其为保障对象系统,是从保
障的角度而言的。可以说,保障对象系统是保障系统进行保障的直接对象,
如图 2 - 2 所示。

　　保障对象系统既然与装备作战单元中的任务执行主体相对应,则其规模与
内涵也会随着装备作战单元的层次变化而变化。

　　当遂行作战任务的是由大量装备作战单元构成的装备体系时,则装备体系

19

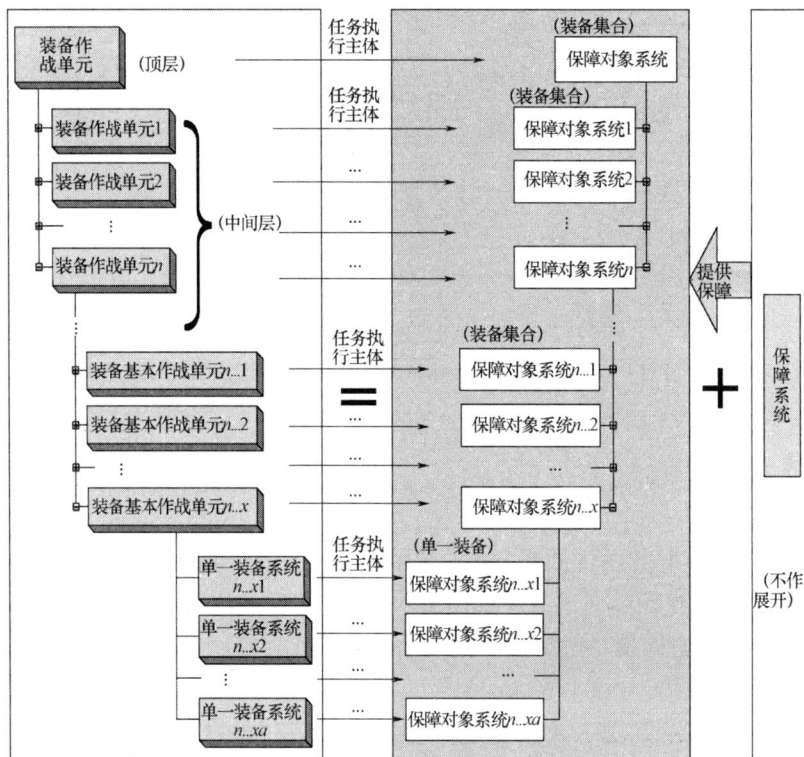

图 2-2　保障对象系统构成示意图

的任务执行主体部分就可称为一个保障对象系统。以联合战役为例,若参战的主体包含陆、海、空和二炮各军兵种的装备作战单元武器系统,其构成的复杂武器系统就称为保障对象系统。由于其规模庞大,对这类保障对象系统称为装备体系保障对象系统。从研究对象的层次角度来讲,也可称为装备体系层保障对象系统。

　　当遂行作战任务的是装备作战单元时,则装备作战单元的任务执行主体部分就是一个保障对象系统。例如,对于某防空旅装备作战单元来讲,其执行任务的主体部分是由若干导弹武器系统、高炮武器系统以及其他直属武器系统按照某种配合关系所构成的更为复杂的武器系统。那么,这个复杂武器系统也就可以称为一个保障对象系统。当以所有装备作战单元的保障对象系统作为研究对象时,就可以统称为装备作战单元保障对象系统。从研究对象的层次角度来讲,也可称为装备作战单元层保障对象系统。

当遂行作战任务的是装备基本作战单元时,则装备基本作战单元的任务执行主体部分就是一个保障对象系统。例如,对于导弹营装备基本作战单元来讲,其执行任务的主体部分是由若干个发射制导车、搜索指挥车、光学瞄准具和某型号导弹等按照一定的数量配比和功能配合所构成的武器系统。那么,这个武器系统就可以称为一个保障对象系统。同样的,当以所有装备基本作战单元的保障对象系统为研究对象时,则可以统称为装备基本作战单元保障对象系统。从研究对象的层次角度来讲,也可称为装备基本作战单元层保障对象系统。

特别的,当遂行作战任务的是某单一装备时,也可以称为一个保障对象系统。例如,执行任务的单架飞机。与上面类似,当以所有的单一装备保障对象系统作为研究对象时,则可以统称为单装(层)保障对象系统。

由此可见,保障对象系统也是分层次的,且上层的保障对象系统是由若干个下层的保障对象系统构成。值得提出的是,这种层次性正是本书开展装备作战单元保障对象系统 RM 建模研究的空间基线。

2.2.2　保障对象系统的特性

保障对象系统作为一个系统来说,具有一般系统所拥有的多种特性,如目的性、整体性、层次性、环境适应性、相关性、集合性等。这里重点对几个特性进行详细分析,其他不再赘述。

1. 目的性

从系统的观点出发,任何系统的存在都具有一定的目的。保障对象系统既然是从保障的角度所提出的概念,那么针对保障而言,保障对象系统最终是为了使保障系统实现精确化保障,即用最少的保障资源满足保障需求,达到最佳的费效比。为了实现这个目的,保障对象系统就需要以本身的使用状态为基准,对保障系统提出资源配套的要求。

另外,从能力的角度来看,保障对象系统的最终目的则是为了成功完成作战任务。这就需要保障对象系统在特定的任务条件下和保障条件下,能够持续保持作战任务所要求的 RM 质量状态。从这点来看,必须对保障对象系统的 RM 水平作出评价。

本书正是从上述两个目的出发,选取适当的 RM 参数集并构建相应的 RM 模型。一方面,可以对保障对象系统在遂行任务过程中的 RM 质量水平作出评价;另一方面,则基于保障对象系统的 RM 质量水平以及实际任务状况,构建保障对象系统的维修任务量模型,从而为保障系统能够配备合理配套的保障资源提供依据。

2. 整体性

保障对象系统并不是若干个武器装备的简单集合,而是按照某种方式组合而成的有机整体,因此具有鲜明的整体性。保障对象系统作为一个功能整体,具有其各个组分或各个组分的简单加和所没有的特性。例如,一个导弹营中的每个装备是不能单独实施防空任务的,只有当搜索指挥车跟踪发现并传送目标指示、发射制导车接收目标并发射导弹、导弹点火飞行并最终引爆目标,导弹营武器系统整体才能实现低空防御的功能。又如,HQ-7 导弹武器系统的防空优势是远距防空,而近距离毁伤效果不理想;57 高炮武器系统则在近距离毁伤概率较大,而远距离则下降明显。这样,若由 HQ-7 导弹武器系统和 57 高炮武器系统共同构成防空力量的话,通过两个武器系统的优势互补,增大了防空范围和毁伤效果。

因此,从保障对象系统的整体性出发,在构建保障对象系统的参数集时,一定要考虑保障对象系统所体现出来的整体特性,并选取适合描述其整体特性的 RM 参数。只有这样的 RM 参数集,才能真实反映保障对象系统的 RM 状况。

3. 层次性

从对保障对象系统的概念分析可知,在由武器装备个体整合为保障对象系统整体的过程中,出现了多个不同性质的涌现等级,从而相应地形成了多个保障对象系统的层次,如前面提到的单装层、装备基本作战单元层、装备作战单元层和装备体系层等。事实上,保障对象系统层次性的出现,是以现有的编制体制为基础、以作战任务的需求为牵引的,是在实际执行任务的过程中,武器装备的层层"有机组合"而成的。

保障对象系统作为一个复杂系统,按照上述层次方式由高到低逐级进行分解或由低到高逐级进行整合,则就形成了保障对象系统的层次结构,如图 2-3 所示。

保障对象系统的层次结构不仅要描述不同层次保障对象系统之间的从属关系或相互作用关系,还要对各层保障对象内部组分的详细构成作出说明,如配套型号、配比数量以及配备性能等。下面以联合战役为例,给出其层次结构,如图 2-4 所示。

从图 2-4 中可以看出,整个系统分为联合战役层、军兵种层、师旅层、营连层、装备层等 5 个大的层次。其中,联合战役层保障对象系统属于装备体系层,陆军作保障对象系统和防空旅保障对象系统均属于装备作战单元层,导弹营保障对象系统则属于装备基本作战单元层,而发射制导车、导弹等则属于单装层保障对象系统。

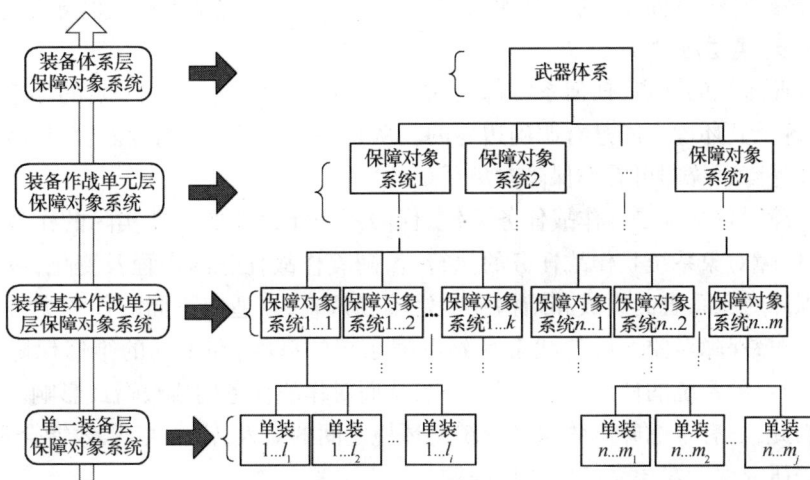

图 2-3　保障对象系统的层次结构图

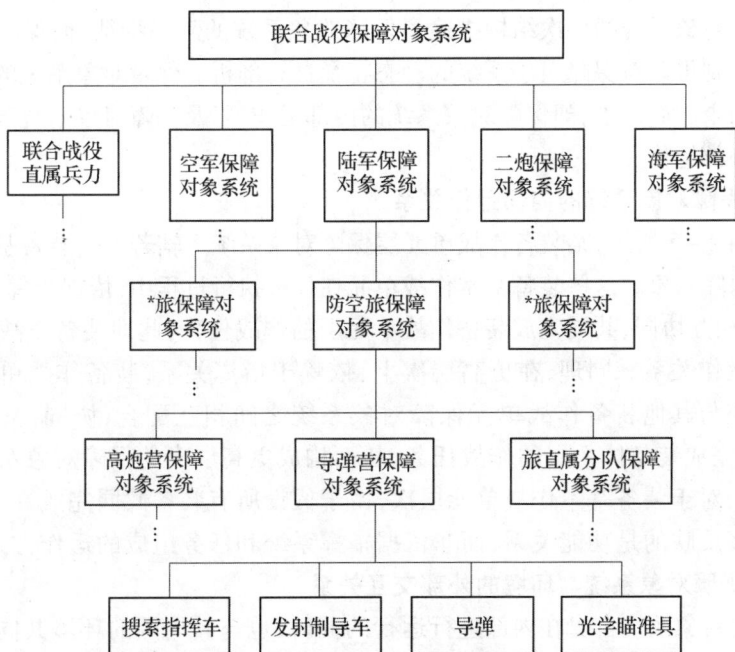

图 2-4　联合战役保障对象系统层次结构图

正因为保障对象系统具有层次性特点,在建立保障对象系统的 RM 参数、模型以及维修任务模型时,可考虑按照层次进行。这样,可以更清晰有效地解决问题。

4. 环境适应性

按照系统的观点,任何系统都是在一定的环境中产生,又在一定的环境中发展,系统及其环境之间是有明确边界的。从装备综合保障的角度而言,作战任务系统和保障系统即可看作保障对象系统的环境。

保障对象系统是与作战任务系统、保障系统相适应的。在实际的作战或训练中,保障对象系统是作战任务的执行者,随着作战任务的进程及变化,参与任务的保障对象系统的组成和结构会随之不断调整,以适应不同的任务类型及强度。同时,保障对象系统的状态受到保障系统的影响,在不同的维修保障条件下,保障对象系统的使用状态不断变化,从而对作战任务的成败造成影响。

因此,只有考虑并清楚保障系统与环境之间的输入、输出关系,才能合理、科学地去研究保障对象系统的建模问题。

2.2.3 保障对象系统的运行分析

保障对象系统的层次结构描述了保障对象系统的静态特征,而保障对象系统的运行则可以对保障对象系统的动态特征进行剖析。保障对象系统的运行分析要从两个方面入手,即保障对象系统的内部运作,以及保障对象系统与其环境构成的外部运作。

1. 保障对象系统的内部运作关系

如图 2-5 所示,某装备作战单元层保障对象系统下辖若干个装备基本作战单元层保障对象。这些装备基本作战单元在任务执行过程中,依据指挥关系,相互配合、相互协同,共同完成装备作战单元层的作战任务,此即装备作战单元层内部的运作关系。同理,在更高层次上,依赖于指挥关系,装备作战单元保障对象系统与其他装备作战单元保障对象系统之间相互配合、协同,甚至于联合,共同完成装备体系层的作战任务,从而构成更高层次的保障对象系统的内部运作。对于装备基本作战单元层次,由于假设所有装备共同完成一个任务,所以更多反映的是功能关系,而非依据指挥系统和任务组成的运作方式。

2. 保障对象系统与环境的外部交互关系

保障对象系统自身在内部进行运行的同时,也与其周围的环境共同构成了一个外部的运行方式。由前面的分析可知,保障对象系统的环境是作战任务系统和保障系统。其中,作战任务系统是其输入,而保障系统是其输出。因此,可从输入和输出两个方面来分析保障对象系统的外部运作,如图 2-6 所示。

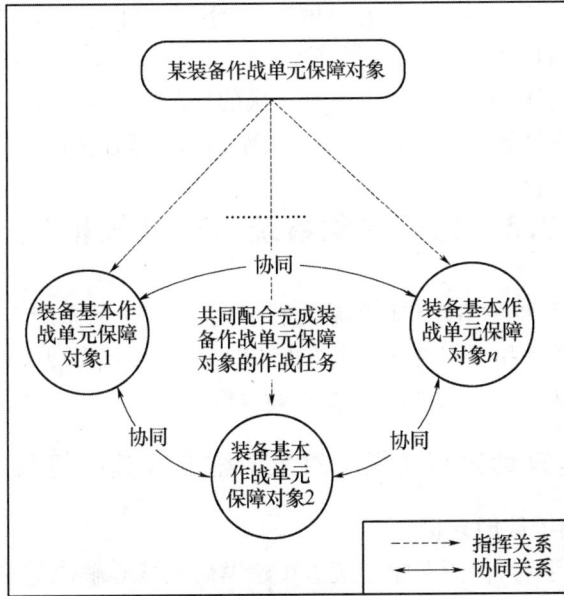

图 2-5　保障对象系统的内部运行方式

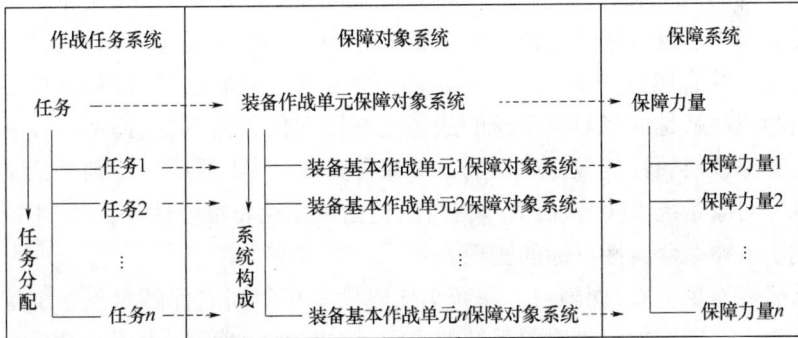

图 2-6　保障对象系统的外部交互

　　作战任务系统要将目标任务一层层分解下来,分配给各层保障对象系统。这种分配必须要依据保障对象系统的构成与战术技术能力,即保障对象系统的战术技术水平是作战任务分配的必要约束条件。在作战任务分配及其配套保障系统确定过程中,作战任务系统与保障对象系统在每一层上是交织在一起的。

保障对象系统在运行过程中出现故障,产生维修任务后,若装备基本作战单元内部的修理室(连)能解决,则自行解决;若不行,则由装备作战单元所辖的保障营来完成相应的工作,保障营、保障室(连)就构成了装备作战单元的保障系统。若保障营不能解决,则申请由更高层次的保障单位来完成。保障系统是否有效,影响着保障对象系统的完好程度,从而影响作战任务的完成。

2.3 保障对象系统 RM 建模框架

对保障对象系统的 RM 建模问题进行研究,可以按照系统工程的方法,从其研究目标、研究对象和研究时域三个方面进行剖析,由此形成了针对全寿命过程和只针对使用过程的保障对象系统 RM 建模框架。

2.3.1 基于全寿命过程的保障对象系统 RM 建模框架

1. RM 建模框架的分析

从研究目标上看,保障对象系统 RM 建模研究核心解决的是保障对象系统完成任务的能力评价,以及维修保障要求的确定问题。完成任务的能力可通过保障对象系统的战备完好性与任务持续性描述,维修保障要求的确定则可由保障对象系统的 RM 水平和组成保障对象系统的单装的 RM 水平来决定。保障对象系统的 RM 建模目标可以转化为一套通用属性描述,分为 RM 综合属性和 RM 单项属性。综合属性是从整体上对保障对象系统 RM 特征的描述,其中最为顶层的两种属性就是保障对象系统的战备完好性和任务持续性,而可用性和可信性则是支撑顶层属性的较低一层的 RM 综合属性。RM 单项属性则是从某一方面对保障对象系统 RM 特征的一种描述,包括可靠性和维修性等,它们不同程度地影响了 RM 综合属性目标的实现。

从研究对象上看,保障对象系统 RM 建模是在不同的保障对象系统层次开展的。由于不同层次保障对象系统的内涵、构成和特性等不同,其所要实现的目标属性也就不尽相同。因此,对保障对象系统进行建模研究,不能笼统地将保障对象系统整体作为研究对象,而必须要分别针对其每个层次进行建模研究。由此,保障对象系统的各个层次都是保障对象系统的研究对象。

从研究时域上看,基于全寿命的保障对象系统 RM 建模研究贯穿论证、方案、研制、生产和使用等全寿命周期中的各个阶段,不同阶段对保障对象系统的层次及属性的关注点不同。

2. RM 建模框架的构建

通过对保障对象系统 RM 建模研究目标、研究对象和研究时域的分析,可以给出基于全寿命过程的保障对象系统 RM 建模框架,如图 2 - 7 所示。

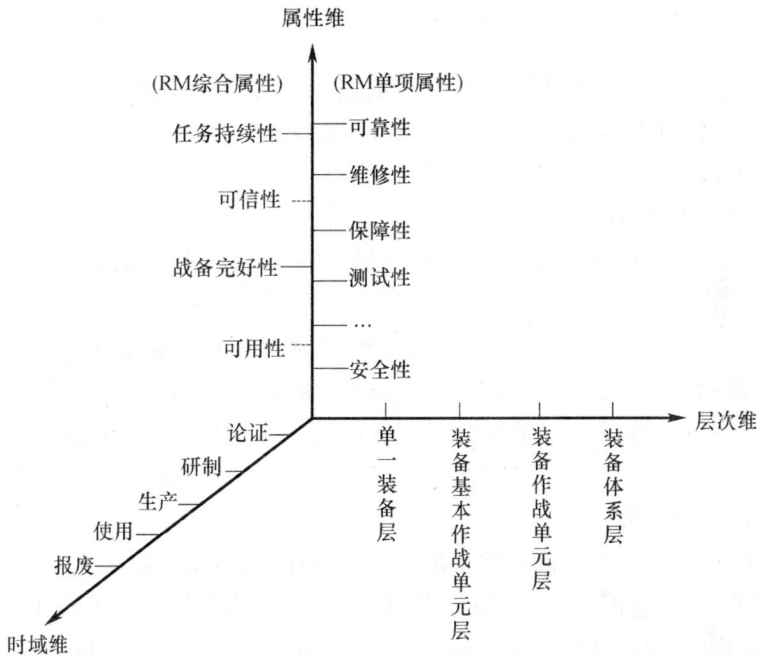

图 2 - 7　基于全寿命过程的保障对象系统 RM 建模的三维框架

在不同的全寿命阶段,所关注的保障对象系统的层次也不尽相同。例如,论证阶段和使用阶段是针对保障对象系统的各个层次,尤其是装备作战单元或更高层次;而研制和生产阶段则是针对单一装备的。

对于保障对象系统的不同层次,其 RM 质量属性的种类及其描述参数也不尽相同。例如,单一装备层往往采用 RM 单项设计特性,装备基本作战单元层次则同时采用 RM 单项属性和 RM 综合属性,而装备作战单元及其以上的层次则重点采用保障对象系统的 RM 综合属性。

对于全寿命过程中不同的阶段,所关注的保障对象系统的 RM 属性也不尽相同。例如,论证阶段和使用阶段关注的是保障对象系统的 RM 综合属性以及 RM 单项属性,而研制和生产阶段则一般只关注保障对象系统的 RM 单项属性。

当在全寿命过程框架所构成的空间中任意取一点时,则这个点就表示在全寿命过程的任意阶段、任意保障对象层次,所选取的保障对象系统 RM 属性值。

2.3.2 基于使用过程的保障对象系统 RM 建模研究框架

2.3.2.1 RM 建模框架的分析

由于本书侧重于使用阶段,所以将上述框架的时域维缩为使用阶段。再根据使用阶段的特点,对全寿命过程的三维框架作进一步分析,就可以得出基于使用过程的保障对象系统 RM 建模框架。

1. 属性维分析

在属性维上,使用阶段与全寿命过程的 RM 属性描述类似,其中描述战备完好性的参数包括战备完好率、装备完好率、使用可用度等;描述任务持续性的参数包括任务效能、任务成功概率、可信度等;描述可靠性的参数包括可靠度、任务可靠度、致命性故障间的任务时间等;描述维修性的参数包括维修度、恢复功能的任务时间等。特别地,当在具体的任务剖面下考虑保障对象系统的可靠性和维修性时,就产生了任务可靠性参数和任务维修参数的问题。

2. 层次维分析

在全寿命框架中,保障对象系统分为装备体系、装备作战单元、装备基本作战单元和单一装备四层。在实际的作战或训练中,指挥员从具体作战任务的特点和需求出发,对作战任务进行层层划分,当划分到所需要的最低任务层次时,承担该作战任务的装备作战单元就称为最小任务单元。例如,在图 2 - 4 中,HQ - 7 导弹营和 57 高炮营就是最小任务单元。

由此可见,最小任务单元不是客观存在的,而是人为划分的,随着作战指挥员的任务规划策略不同而不同。例如,在各军兵种联合作战中,陆军防空旅指挥员可将防空旅高炮营划分为最小任务单元;而在防空旅防空演习中,防空旅指挥员可将其高炮营的高炮连划分为最小任务单元。因此,根据不同的任务规划策略,最小任务单元可以是某个装备基本作战单元,也可以是某个装备作战单元。

最小任务单元中的执行任务的主体部分就是最小单元层保障对象系统。这样,在基于使用过程的保障对象系统建模研究框架中的层次维上,就新产生了一个保障对象系统层次——最小任务单元层保障对象系统,它替代了装备基本作战单元的层次。

由此,在平时建制下,保障对象系统分为装备体系、装备作战单元、装备基本作战单元和单装四层;而在作战使用中,则分为装备体系、装备作战单元、最小任务单元和单装四层。

3. 时域维

装备的使用是通过任务的形式表现的。在实际的使用过程中,作战任务在时序上一般是一个比较复杂的过程,由一系列的作战行动或多个子任务构成,作战行动或子任务又可以分解成一系列的任务阶段(或任务剖面)。保障对象系统在不同的任务阶段内,其使用方式、使用强度和使用时间等都是不相同的。即便是在相同的任务阶段下,如果任务要求不同,保障对象系统的使用强度、使用时间等要求也不尽相同。

因此,从这个意义上来讲,保障对象系统建模的研究时域在使用阶段可以划分为一系列时间连续且不重叠的任务阶段。在实际使用过程中,保障对象系统建模要针对不同的任务阶段进行研究。这样,研究时域维也可以称为任务阶段维。

2.3.2.2　RM 建模框架的构建

通过上述分析,就可以构建出保障对象系统基于使用过程的 RM 建模框架,如图 2－8 所示。

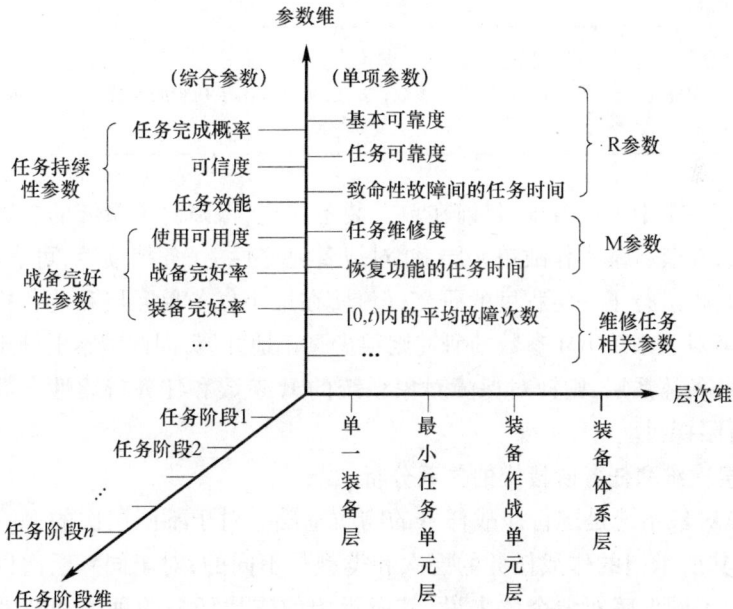

图 2－8　基于使用过程的保障对象系统 RM 建模的三维框架

基于图 2－8 所示的使用过程中的三维框架,通过对各维之间的关系进行分析,就可以明确保障对象系统 RM 建模在使用过程中的若干个基本问题。

1. 层次维和参数维的关系分析

对应于保障对象系统的不同层次,描述各个层次的 RM 参数也不尽相同。例如,在单装层,一般用 RM 单项设计参数描述;而在装备体系层,则需要用 RM 综合参数描述。

在实际的作战或训练中,保障对象系统一般需要对其各个层次进行分析,分别确定适合于描述这些层次质量特性的保障对象系统的 RM 参数集。使用过程中保障对象系统参数集构建的研究框架如表 2 - 1 所列。

表 2 - 1   使用过程中保障对象系统参数集构建的框架

描述参数 保障对象层次	战备完好性参数	任务持续性参数	可靠性参数	维修性参数
装备体系层		o	o	
装备作战单元层		¤		
最小任务单元层	¤	¤	¤	¤
装备基本作战单元层	*	*	*	*
单一装备	*	*	*	*

注:"*"表示基本上已经提出并明确定义了参数;"o"表示只提出了初步的参数;"¤"表示本文将要开展的工作

从表 2 - 1 中可以看出,目前在单一装备层次,保障对象系统的参数研究都比较成熟;在装备基本作战单元层,针对战备完好性、任务持续性、可靠性、维修性等参数,也进行了一定程度的研究;但是,在最小任务单元层和装备作战单元层,对保障对象系统 RM 参数的研究则很少真正地开展,因此基本上处于空白状态;而在装备体系层,则针对保障对象系统的 R 参数和任务持续性参数进行了初步的有限探讨。

2. 层次维和任务阶段维的关系分析

保障对象系统是遂行作战任务的物质基础。对于不同层次的保障对象系统来说,其所承担的作战任务的层次和类型是不同的;对于同一层次保障对象系统中的不同保障对象个体来说,其所承担的作战任务的种类和特性也有所区别。

在实际的作战或训练过程中,每个保障对象各自承担了一系列阶段作战任务。在不同的作战任务阶段,保障对象用于完成作战任务的功能构成及其所体现的 RM 特性也不尽相同。

这样,通过层次维和任务阶段维的关系分析,可以定义出不同层次保障对象系统中每个保障对象的阶段作战任务序列;同时,针对每个任务阶段,分析执行任务的保障对象系统的构成及其相互关系。这是保障对象系统进行基于任务的 RM 建模的基础。

3. 参数维和任务阶段维的关系分析

在不同的任务阶段,任务的类型和特征不同,用来描述任务阶段的 RM 参数也不尽相同。例如,在机动阶段,可用致命性故障间的任务里程来描述可靠性;在火力射击阶段,则可以用致命性故障间的任务参数描述可靠性。

因此,通过参数维和任务阶段维的关系分析,可以定义出描述不同任务阶段的 RM 参数的集合。

4. 层次维、参数维和任务阶段维的关系分析

在实际的作战或训练中,随着任务阶段的不同,不同层次保障对象系统所表现出来的 RM 特性也不断变化。在对层次维、属性维和任务阶段维共同分析时,这种随任务阶段的 RM 特性变化则就可以完整体现了。因此,在基于使用过程的保障对象系统建模研究框架中,三维共同确定并描述了基于任务的各层保障对象系统的参数体系。这样,在三维空间中任取一点,则就表示了某个保障对象在某个任务阶段下所用的 RM 描述参数。

2.3.2.3　针对参数维的模型分析

在基于使用过程的保障对象系统 RM 建模研究框架的参数维中,涉及到与战备完好任务持续有关的 RM 综合参数,以及与任务可靠任务维修有关的 RM 单项参数。有了参数体系,就必须要有支持参数评价的模型体系。这样,参数维就可以演化为模型维。

保障对象系统的模型可以分为两大类:当考虑对保障对象系统自身的 RM 水平进行评价时,可以构建战备完好任务持续的 RM 综合参数模型,或者构建任务可靠任务维修的 RM 单项参数模型;当考虑保障对象系统对保障系统的保障要求输出时,则可以构建维修任务与维修任务量模型。其模型的关系如图 2 - 9 所示。

这样,在使用过程的三维框架中,如果用模型维来替代参数维,则通过模型维与层次维的分析,可以定义出在不同的保障对象系统层次上所构建的 RM 参数模型以及维修任务模型。具体来说,可以给出以下的研究框架,如表 2 - 2 所列。

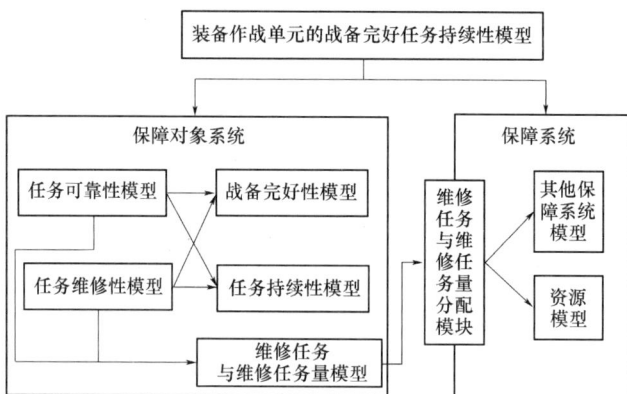

图 2-9 保障对象系统的模型分析

表 2-2 使用过程中保障对象系统 RM 模型的框架

参数模型 保障对象层次	战备完好性 模型	任务持续性 模型	可靠性 模型	维修性 模型	维修任务量 模型
装备体系层		o	o		
装备作战单元层		¤			
最小任务单元层	¤	¤	¤	¤	¤
装备基本作战单元层	*	*	*	*	¤
单一装备	*	*	*	*	¤
注:"*"表示基本上已经建立了完善的模型体系;"o"表示只建立了初步的参数模型;"¤"表示本文将要开展的工作					

从表 2-2 可以看出,目前在单一装备层次,保障对象系统的 RM 模型的研究都比较成熟;而在装备基本作战单元层,针对各种 RM 模型,也进行了一定的研究;但是,在最小任务单元层和装备作战单元层,对保障对象系统 RM 模型的研究还没有开展,因此基本上处于空白状态;而在装备体系层,针对任务持续性模型和可靠性模型,进行了初步的探讨,初步构建了诸如体系的任务效能分解模型和体系的可靠度模型。

2.4 本 章 小 结

本章首先提出了保障对象系统 RM 建模问题,接着从保障对象系统的基本概念入手,对保障对象系统的主要特点和运行过程进行了分析。在此基础上,提出了基于全寿命过程和基于使用过程的保障对象系统 RM 建模框架。

第 3 章　装备作战单元保障对象系统 RM 参数体系构建

3.1　RM 参数体系构建的基本原则

构建 RM 参数体系就是对各个层次的装备保障对象系统的 RM 的单项参数和综合参数逐一给出描述,它是建立装备作战单元保障对象系统的 RM 模型的前提。保障对象系统的 RM 参数必须要能够准确描述保障对象系统的 RM 质量特性。因此,在构建保障对象系统的 RM 参数时,并不是随机抽取的,而是要遵循一定的原则和方法。例如,必须牢牢基于整个保障对象系统的分层思想和结构特点,必须紧密结合每层保障对象系统的功能组成和任务特性,必须综合考虑单个保障对象的独立特征和特殊需求等。

1. 基于保障对象系统现有的 RM 参数

通过对国内外研究现状的分析可知,目前针对保障对象系统的单一装备层,已经构建了比较完善的 RM 参数;对于装备基本作战单元层,也构建了相应的 RM 参数;而针对装备作战单元及其以上的层次,其 RM 参数的构建相对来说比较滞后。因此,本书在构建装备作战单元保障对象系统的 RM 参数时,对于单装层和装备基本作战单元层,以现有的 RM 参数为主;而对于更高的层次,如装备作战单元层,则可以在参考低层现有 RM 参数的基础上,进行适当地扩展。例如,可靠度参数在单装层应用比较广泛,但如果能够准确定义装备作战单元的故障或状态,则此参数也就可以扩展用于装备作战单元层保障对象系统。

2. 基于保障对象系统自身的特性与特点

通过第 2 章对保障对象系统的分析可知,保障对象系统具有多种特性,如整体性和层次性等;同时,针对不同的军兵种或不同的装备,保障对象系统的特点也不尽相同。因此,在构建保障对象系统的 RM 参数时,这些因素必须加以考虑。

首先,保障对象系统本身就是由多种武器装备按照一定的功能配置和运行方式组合而成的一个有机整体。由此,在构建保障对象系统的 RM 参数时,不能单独针对各个武器装备进行描述,而应该从保障对象系统的整体入手,分析并描述其作为一个整体所呈现出来的 RM 质量特性。例如,HQ-7 导弹营中的每个装备一般不会单独执行任务,因此也不用任务成功概率参数来描述;但对于导弹营整体来说,则可以用任务成功概率来描述其执行某项任务时的 RM 综合特性。

其次,对于保障对象系统的不同层次来说,其配置特征、功能组成以及所能承担的作战任务种类等都是不同的。由此,在构建保障对象系统的 RM 参数时,必须基于其层次性划分,针对不同层次分别构建适合描述本层特性的 RM 参数。例如,对于单一装备层,一般可以采用 RM 单项参数描述;而对于装备作战单元层,则单项参数一般不再适合描述其层次特性,而是选用更能反映高层特性的 RM 综合参数。

再次,保障对象系统中包含了大量的单个装备、武器系统或武器体系。对于不同层次的保障对象系统,其描述参数固然不同。但是,对于同一层次的保障对象系统来说,其每个个体或个体群的描述参数也不尽相同。这样,保障对象系统的 RM 参数应该能够描述各种不同类型不同特点的保障对象个体。因此,在构建保障对象系统的 RM 参数时,应该在每个层次上综合考虑并顾及单个个体的不同特性,必要时还要进行个体类别的进一步区分。例如,对于装甲类装备,一般可以采用可靠度、平均故障间隔里程等参数;而对于军用飞机,可以采用平均故障间隔飞行小时、出动架次率等参数;对于导弹弹药类,则可以采用发射可靠度、飞行可靠度等参数。

3. 基于保障对象系统的交互需求

保障对象系统是与作战任务系统和保障系统的大环境密切相关的。因此,在构建保障对象系统的 RM 参数时,必须要考虑与环境交互所带来的需求。

保障对象系统的运行受制于作战任务的牵引,对于不同的作战任务,保障对象系统用来执行任务的功能配置不同,因此描述任务执行情况的 RM 参数也不尽相同。这样,在构建保障对象系统的 RM 参数时,必须要考虑作战任务的影响,重点提出并分析与任务相关的 RM 参数。例如,导弹营在行军任务中,一般采用致命性故障间的任务里程来描述其可靠性;而在火力射击任务中,则可以采用任务可靠度来描述其可靠性。

同时,保障对象系统通过运行过程产生的维修任务来牵动保障系统的运作,对于不同作战任务下的不同保障对象系统,其所产生的维修任务量也不尽相同。因此,在构建保障对象系统的 RM 参数时,必须重点分析与维修任务量生成有关的 RM 参数,如任务可靠度、$(0, t]$ 内的平均故障次数等。

上述的基本原则是针对保障对象系统来讲的,是保障对象系统 RM 参数选取和确定的基本要求。除此之外,还要遵循一般系统参数确定的基本原则,如合理性、规范性和简洁性等。同时,如果保障对象系统的 RM 参数有范围上的特殊限定,则应该在这些基本原则的基础上提出更为具体的要求,这里不再赘述。

3.2　装备作战单元保障对象系统 RM 参数的构建

　　装备作战单元保障对象系统的 RM 参数构建是指装备作战单元及其下属的各层保障对象系统的 RM 参数构建,即建立从单装、装备基本作战单元、最小任务单元直至装备作战单元各层的 RM 综合参数和 RM 单项参数。这是因为,顶层参数是由下层参数一层层聚合上来的。对于单装层和装备基本作战单元层,有现成的参数可用,对于最小任务单元层和装备作战单元层,则需要通过层次特点分析获取相应的 RM 参数。

3.2.1　单装层保障对象系统的 RM 参数

　　通过对国内外研究现状的分析与总结,可以整理出单装层的 RM 参数描述。

　　单装层是保障对象系统的最底层。它们自身的 RM 设计不仅标志着装备本身的 RM 质量水平,在实际使用过程中也决定了它们所组成的高层保障对象系统的使用性能。实际上,与 RM 设计特性相应的 RM 设计参数虽然是从论证设计的角度提出的,但在实际的使用过程中,也可以用来描述和评价单个装备的具体使用特性。因此,对于单装层保障对象系统来讲,主要从这些 RM 设计特性入手,构建适合描述其质量水平的 RM 参数。

　　单装层保障对象系统的设计参数不仅包括可靠性维修性等 RM 单项参数,还包括了战备完好性任务持续性等的 RM 综合参数。前者如可靠度、故障率、平均故障间隔时间、致命性故障间的任务时间、修复率、平均修复时间、恢复功能的任务时间等;后者如战备完好率、使用可用度、出动架次率、任务成功概率等。在实际应用过程中,往往更为关注其 RM 单项参数。

　　目前,在国家军用标准中,分别针对各军兵种的各类不同装备选取并详细定义了适合描述其 RM 质量特性的比较完备的参数集,同时并指明了这些参数的适用范围,以及所反映的战备完好任务成功性的目标。GJB 1909 中所涉及到的武器装备类型包括核战斗部、卫星、军用飞机、舰船、装甲车辆、火炮、弹药和电子系统等,后续的国军标以及许多其他相关文献则针对不同的军兵种也不断扩充到了更多种类武器装备。

　　因此,基于以上分析,可以归整出单装层保障对象系统的 RM 参数集,如图 3-1 所示。

单装层保障对象系统

装甲车辆及军用汽车类 | 火炮类 | 军用飞机类 | 舰船类 | 弹药类 | 电子系统类 | 核战斗部类 | 卫星等空间装备类 | ...

单装层保障对象系统RM参数集

装甲车辆及军用汽车类
任务可靠度 R_m
故障率 λ
平均故障间隔时间 T_{BF}
致命性故障间隔的任务时间 T_{BCF}
储存寿命 L_s
平均修复时间 M_{ct}
恢复功能的任务时间 M_d
首次大修前工作时间 T_{FO}
使用可用度 A_o
...

火炮类
射击故障率 λ
平均故障间隔时间 T_{BF}
致命性故障间隔的任务时间 T_{BCF}
使用寿命 L_t
平均修复时间 M_{ct}
恢复功能的任务时间 M_d
使用可用度 A_o
...

军用飞机类
平均故障间隔时间 T_{BF} 或故障率 λ
平均故障间隔飞行小时 $T_{BF(MTBF)}$
致命性故障间隔飞行小时 T_{BCF}
任务成功概率 P_{MC}
空中停车率 r_{IFS}
平均可靠度 R_m
平均修复时间 M_{ct}
使用可用度 A_o
出动架次率 r_{SG}
再次出动准备时间 T_{TA}
总寿命

舰船类
任务可靠度 R_m
平均故障间隔时间 T_{BF}
致命性故障间隔的任务时间 T_{BCF}
平均修复时间 M_{ct}
平均维修时间 M_{tM}
使用可用度 A_o
战备完好率 P_{ct}
...

弹药类
任务可靠度 R_m
作用可靠度 R_f
发射可靠度 R_{fl}
飞行可靠度 R_{fv}
终点作用可靠度 R_{zv}
发火可靠度 R_{fh}
点火可靠度 R_{io}
装填可靠度 R_S
储存可靠度
瞎火率 A_f
...

电子系统类
任务可靠度 R_m
平均故障间隔时间 T_{BF}
致命性故障间隔的任务时间 T_{BCF}
储存寿命 L_s
平均修复时间 M_{ct}
恢复功能的任务时间 M_{md}
使用可用度 A_o
固有可用度 A_i
...

核战斗部类
平均故障间隔时间 T_{BF}
预防性维修平均间隔时间 T_{BPM}
储存期
累计工作寿命
平均预防性维修时间 M_p
固有可用度 A_i
技术准备完好率
待机完好率
可靠贮存率

卫星等空间装备类
任务可靠度 R_m
在轨工作可靠度 R_m
在轨工作寿命
返回型卫星往返平均可靠度
任务持续时间
储存可靠性
...

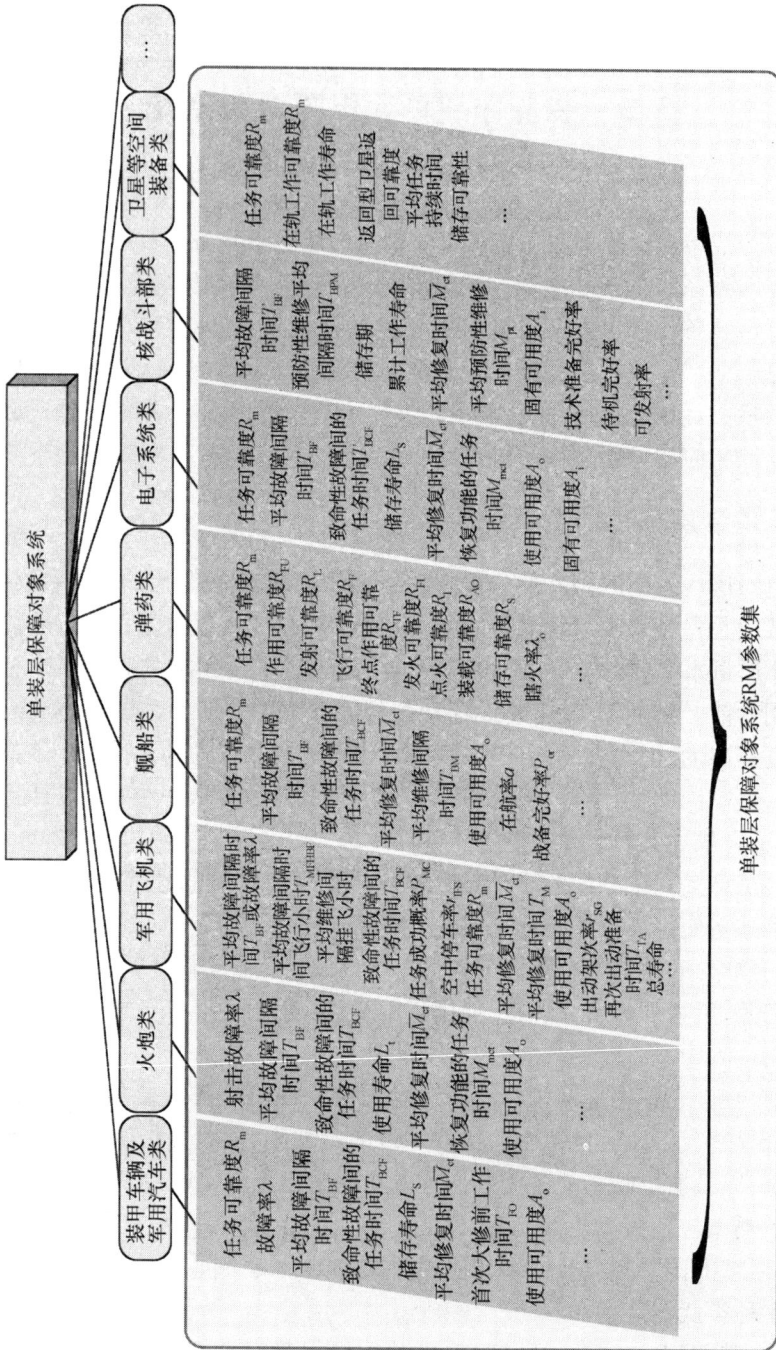

图3-1　单装层保障对象系统RM参数集

3.2.2　装备基本作战单元层保障对象系统的 RM 参数

装备基本作战单元层保障对象系统是由若干个单一武器装备按照一定的功能可靠性方式组合而成的,可以单独遂行作战任务,在平时是使用与训练任务的最底层独立载体。装备基本作战单元层保障对象系统的构成较单装层要复杂许多,其使用也具有随机性。不同的作战任务对该层保障对象的需求不同,从而导致其执行任务的配置方式也不尽相同。

实际上,装备基本作战单元层保障对象系统在遂行作战任务时,是以一个功能整体的方式呈现的。其中的每个武器装备个体只是这个整体的一个组成部分,它们各自不能单独完成整体的作战任务,而只有通过互相的功能配合才能达到这个目的。例如,导弹营中的单个发射制导车、搜索指挥车或导弹等,均不能单独执行防空任务,而只有这些装备通过相互配合各自发挥不同的功能时,才能共同完成防空任务。

因此,从这个意义上来讲,装备基本作战单元层保障对象系统可以近似看作一个"单装",它内部的每个装备则相当于单装的每个功能系统,这些装备在任务过程中作为一个整体"抱团"运行。每个装备的故障将会根据任务要求的功能可靠性组成,来影响整个保障对象系统的故障或正常状态。

鉴于此,当关注装备基本作战单元层保障对象系统的 RM 单项质量特性时,可以将单装的 RM 单项参数引用过来,必要时可以根据层次特性赋予其具体的含义。同时,由于装备基本作战单元层保障对象系统可以执行一定的作战任务,所以往往需要从整体上综合把握其在执行任务时的特性,如是否"召之即来"、是否"来之能战"等,也即装备基本作战单元层保障对象的战备完好性和任务持续性。因此,从这个意义上来讲,当关注装备基本作战单元层保障对象系统的 RM 综合质量特性时,采用 RM 综合参数比较合适。

目前,围绕装备基本作战单元层的 RM 参数构建展开了一定的研究。针对各军兵种的各类不同的武器系统,不论是在 RM 单项参数还是 RM 综合参数方面,基本上均提出了参数的定义及描述。例如,陆军的高炮连、空军的飞行团、海军的舰艇、二炮的导弹旅等。

可见,对于装备基本作战单元层保障对象系统来讲,既可以用 RM 单项参数来描述,也可以用 RM 综合参数来描述,取决于所关注的重点不同。同时,由于装备基本作战单元层的武器系统种类众多,对于不同的军兵种类型及其不同的装备基本作战单元类型,其 RM 参数也不尽相同。因此,需要进行类别归总,再对每一类别选取更为确切的 RM 参数。

因此,基于以上分析,可以归整出装备基本作战单元层保障对象系统的 RM 参数集,如图 3 - 2 所示。

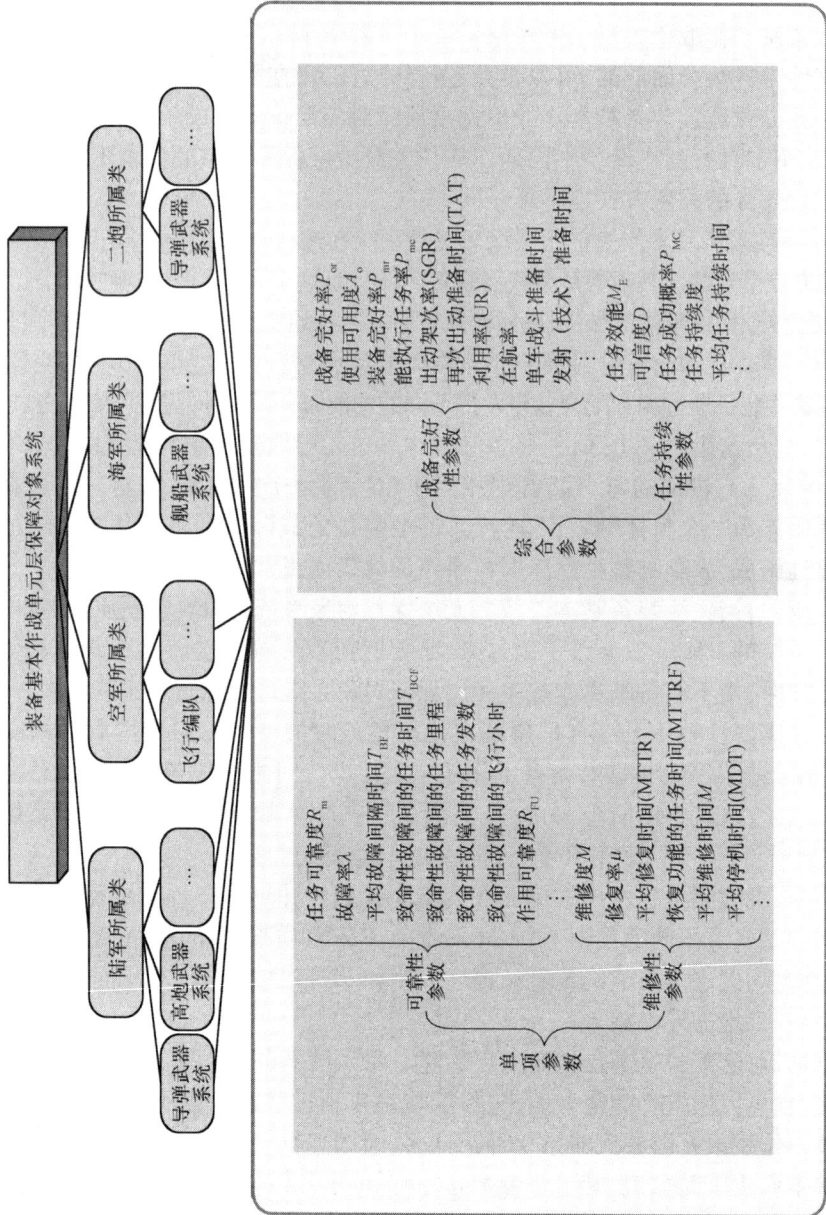

图3-2　装备基本作战单元层保障对象系统RM参数集

3.2.3　最小任务单元层保障对象系统 RM 参数

3.2.3.1　使用特点分析

在实际的作战或训练中,最小任务单元层保障对象系统所执行的任务是系统中的最底层作战任务,即最小任务。由于最小任务不能再向下分解了,因此最小任务单元层保障对象系统的各个组成部分是没有独立任务的,它们共同继承了最小任务单元层保障对象系统的任务要求。实际上,最小任务单元的组成部分可以是单一装备,也可以是装备基本作战单元,甚至可以是装备作战单元。因此,对其进行研究时,可以假设最小任务单元层保障对象系统是由各种单一装备构成的。

从运行上来看,最小任务单元层保障对象系统的特点与装备基本作战单元层是相似的,其各组成部分也可以假设看作以整体"抱团"的方式来遂行作战任务,每个组成部分的故障将会按照任务要求的功能可靠性组成,来影响整个最小任务单元层保障对象系统的正常或故障的工作状态。

但是,相对于装备基本作战单元层保障对象系统来讲,最小任务单元层保障对象系统是一个"临时整体",只是对于具体的作战任务来说是不可拆分的。一旦作战任务变换了,这个"临时整体"也就不复存在了,这正是最小任务单元层保障对象系统的主观性造成的。例如,在某次作战中,最小任务划分到高炮连上,那么高炮连就是一个最小任务单元,同时在平时也是一个装备基本作战单元,它以一个整体的方式来遂行最小作战任务;但如果在另外一次作战中,最小任务划分到高炮营上,则高炮营就是一个最小任务单元,同时在平时也是一个装备作战单元,它也以一个整体的方式遂行作战任务。

3.2.3.2　RM 参数分析

从上面的分析可知,不管最小任务单元层保障对象系统在哪个层次,由于其运行特点与装备基本作战单元层类似,因此在 RM 参数构建时可以考虑扩展应用装备基本作战单元层的 RM 参数;另外,最小任务单元层保障对象系统本身就是作战任务的产物,因此在构建 RM 参数时要突出任务的特点。但是,最小任务单元层保障对象系统毕竟是新提出的概念,尚无任何现成的参数直接应用,因此,其 RM 参数还需要通过进一步的分析才能最终得到。

1. RM 单项参数分析

由层次特点分析可知,最小任务单元层保障对象系统是可以用 RM 单项参数描述的。这归功于对其故障或状态的明确定义。

从最小任务单元层保障对象系统的使用特点可知,最小任务单元层保障对象系统在执行任务过程中是以一个整体的方式呈现的,其各组成部分共同按照同一个任务目标"抱团"运行。因此,在这个过程中,如果各组成部分能够按照规定的可靠性关系各自发挥其功能,则系统就处于正常状态;如果达不到上述要求,则系统就会发生故障,进而转为故障状态。可见,这与单装或装备基本作战单元的故障提出是相似的,只是单装层考察的是其每个功能系统的故障或正常状态,而最小任务单元层考察的则是其所辖的单个装备的故障或正常状态。

最小任务单元层保障对象系统也可以相应地提出致命性故障,即在执行任务过程中,影响规定任务完成的或造成任务停机的事件。实际上,由于最小任务单元层保障对象系统是面向任务提出的,因此必须提出与任务相关的 RM 单项参数,即任务可靠性和任务维修性。

任务可靠性即与致命性故障有关,考察的是在执行任务过程中由于致命性故障造成的系统可靠性的变化规律;任务维修性也与致命性故障紧密相关,度量的是在一定的维修策略下,使系统从致命性故障恢复到正常的概率。

因此,从上面的分析出发,最小任务单元层保障对象系统可以相应的提出基本可靠度 $R(t)$、任务可靠度 $R_m(t)$、故障率 $\lambda(t)$、平均故障间隔时间(MTBF)、致命性故障间的任务时间(MTBCF)、$(0,t]$ 内系统的平均故障次数等 R 单项参数;也可以提出基本维修度 $G(t)$、任务维修度 $G_m(t)$、修复率 $\mu(t)$、平均修复时间(MTTR)、恢复功能的任务时间(MTTRF)等 M 单项参数。例如,"致命性故障间的任务时间"可以用在遂行某一作战任务时,任务总时间与在任务期间由于故障造成的任务停机次数之比度量;"恢复功能的任务时间"可以用在遂行某一作战任务时,在任务期间对致命性故障进行修复的总时间与完成对致命性故障的维修总次数之比来度量。

2. RM 综合参数分析

单装层的 RM 综合参数是从设计的角度提出的,是在规定了一定的保障系统配置的条件下对其综合性能的一个评定;装备基本作战单元层的 RM 综合参数一般考察的是其在实际的作战条件和保障条件下,整个作战单元的综合运用效果,因此确切地来说是描述装备基本作战单元整体的参数。

由此可见,如果要将单装层或装备基本作战单元层的 RM 综合参数扩展应用到最小任务单元层保障对象,首先必须要给定一定的保障条件。在理想的或假定的保障系统配置情况下,最小任务单元层保障对象系统的 RM 综合参数实际上相当于其"固有"的参数,而不再是最小任务单元执行作战任务综合效果的描述了。例如,使用可用度一般是对装备作战单元执行特定任务时随时可用状态的一种描述,是 R、M、S 的一种综合度量。当我们规定其保障条件不变或理想的情况下,就可以不再考虑 S 因素,则使用可用度仅随着 R 和 M 的变化而变化。因此,这时的使用可用度就演化成为了保障对象系统的 RM 综合参数。

在上述假定下,所有可以用于装备基本作战单元层的综合参数也就可以扩展用于最小任务单元层保障对象系统了。例如,常用的战备完好性参数——战备完好率、使用可用度、能执行任务率;常用的任务持续性参数——任务效能、可信度、任务成功概率等。

3.2.3.3　RM 参数集的构建

与装备基本作战单元层类似,不同军兵种类型下的最小任务单元层保障对象系统的 RM 参数也不尽相同。根据参数构建的原则,必须首先进行最小任务单元层保障对象系统类别的划分,在每个类别下提出其合适的 RM 参数。

至此,基于以上的分析,可以构建出最小任务单元层保障对象系统的 RM 参数集,如图 3 - 3 所示。

3.2.4　装备作战单元层保障对象系统 RM 参数

3.2.4.1　使用特点分析

装备作战单元层保障对象系统本身就是有跨度有层次的,可以由若干个装备基本作战单元层保障对象系统构成,也可以由若干个最小任务单元层保障对象系统构成,还可以由若干个低一层的装备作战单元层保障对象系统构成。

装备作战单元层保障对象系统遂行任务的过程,不同于装备基本作战单元层或最小任务单元层保障对象系统。后两者是其所有的组成部分均按照同一个任务要求运行,每个组成部分不再单独执行任务,而是作为整个系统的一个“捆绑”部分。装备作战单元层保障对象系统的组成部分则是独立执行任务的若干个子保障对象系统,它们拥有整个系统所赋予的各自的任务要求,其各自的任务执行效果按照规定的任务逻辑关系,来影响整个系统任务的成败。

可见,装备作战单元层保障对象系统的各组分之间的关系不再是“紧耦合”,而是一定程度上的“松耦合”。在这种情况下,只能根据任务成功判据来判断系统的最终成败,而对于系统的中间状态——何时发生引起系统状态改变的致命性故障则并不明确。

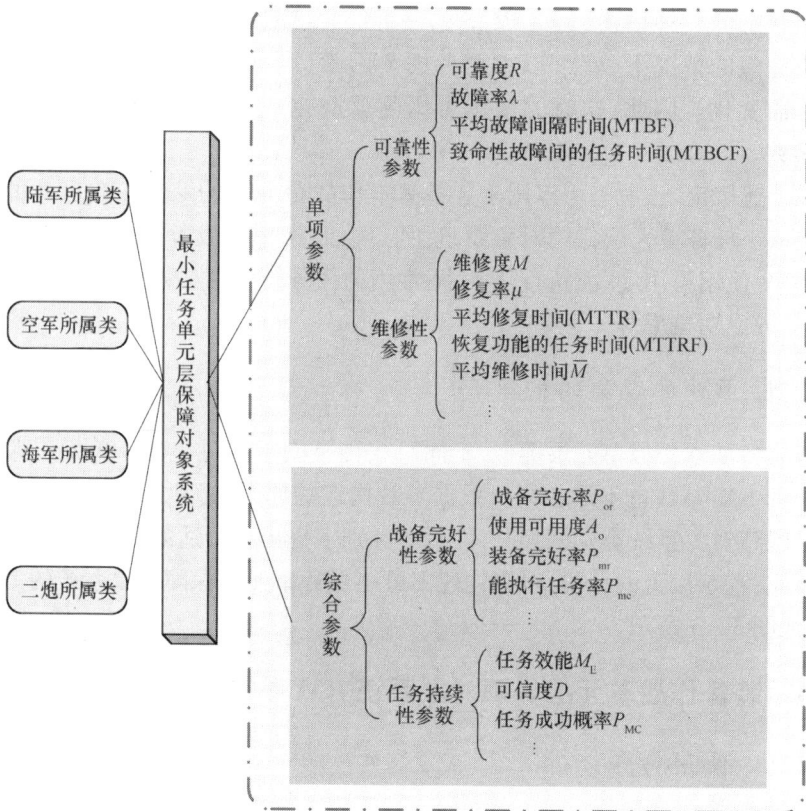

图 3-3　最小任务单元层保障对象系统 RM 参数集

装备作战单元层保障对象系统的这种特点对其 RM 参数的描述和定义形成了很大的局限性。

3.2.4.2　RM 参数分析

1. RM 综合参数分析

在实际的作战或训练中,装备作战单元层保障对象系统作为一个整体来遂行其所受领的作战任务,而人们所关注的也往往是整体系统所呈现出来的完成任务的能力。例如,系统是否可以随时投入战斗、投入战斗的系统是否能够持续作战等。鉴于此,使用 RM 综合参数来描述装备作战单元层保障对象系统的特性是比较合理的。因此,在一定的保障条件下,可以将低层保障对象系统的 RM 综合参数,扩展应用于装备作战单元层保障对象系统。

　　然而,从特点分析可知,装备作战单元层保障对象系统在执行任务过程中的致命性故障不能明确划分。致命性故障的不明确会带来一系列的问题,例如,无法定义和度量与其紧密相关的致命性故障间的任务时间、恢复功能的任务时间等 RM 单项参数;也无法区分系统的能工作状态和不能工作状态,从而也就不能定义使用可用度这一 RM 综合参数。因此,在选取 RM 综合参数时,只能选取装备完好率、任务成功概率或可信度等与致命性故障无关的 RM 参数,而对于战备完好率、使用可用度等参数则尽量绕开。

　　装备作战单元层保障对象系统的任务成功概率描述的是其在一定的保障条件下完成作战任务的能力,可以用任务成功完成次数与任务执行总次数之比来表示。而装备作战单元层保障对象系统的装备完好率则可以通过系统中装备的完好数量与装备总数量之比来表示。可见,这些参数与平时意义上是相同的。

2. RM 单项参数分析

　　一般情况下,装备作战单元层保障对象系统的 RM 单项质量特性并不被关注,因而描述单项质量特性的 RM 单项参数也很少使用。事实上,即使人们想衡量装备作战单元层保障对象系统的单项质量特性,定义和度量其中的某些 RM 单项参数往往也是非常困难的。造成这种状况的关键瓶颈就是上面提到的,难以定义装备作战单元层保障对象系统的正常或致命性故障状态。

　　实际上,如果确实要从某一方面衡量装备作战单元层保障对象系统,也可以在绕开致命性故障的前提下,来提出其某些 RM 单项参数,如基本可靠度、平均故障间隔时间、基本维修度、平均修复时间等。这些参数仍然以系统中所有装备的全串联为模式,涉及到的只是装备的故障,因此与平时意义上是相同的。事实上,在装备作战单元层保障对象系统的某个任务剖面中,也可以定义这个任务下系统的平均故障间隔时间和平均修复时间等,即这个任务所涉及的所有装备的串联。由于不涉及系统致命性故障的问题,因此也可以准确进行计算。事实上,这些参数是与装备作战单元层的维修任务全集相对应的。这里不再赘述。

3.2.4.3　RM 参数集的构建

　　基于以上的分析,则可以构建出装备作战单元层保障对象系统的 RM 参数集,如图 3 - 4 所示。

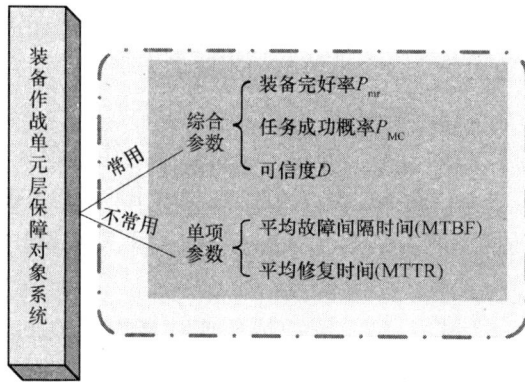

图 3-4　装备作战单元层保障对象系统 RM 参数集

3.2.5　保障对象系统的 RM 参数集合

通过上面的整理分析,分别给出了装备层 RM 参数、装备基本作战单元的 RM 参数、最小任务单元层的 RM 参数,以及装备作战单元层保障对象系统的 RM 参数,将这些参数按照保障对象系统的层次进行汇总,就可以获取整个装备作战单元保障对象系统的参数集合,如图 3-5 所示。

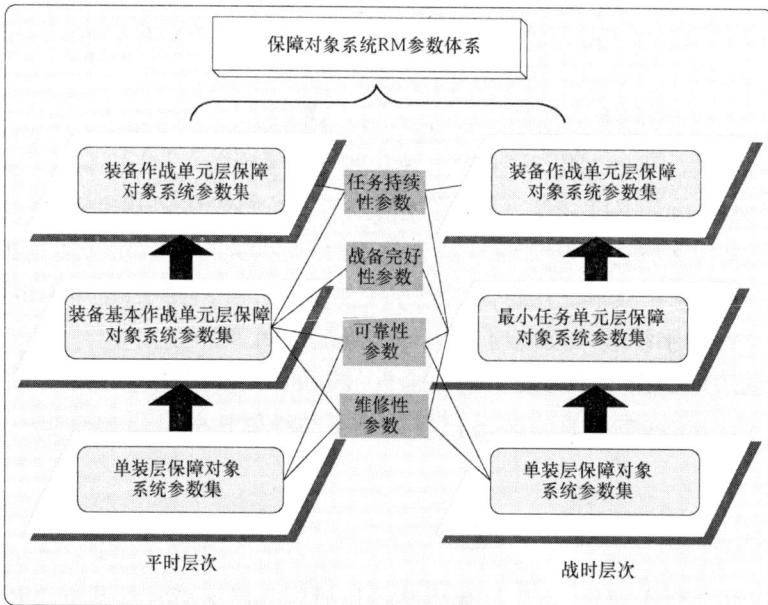

图 3-5　保障对象系统 RM 参数集

由图 3 - 5 可知,保障对象系统的层次不同,所关注的特性不同,而适合于描述其特性的参数也不尽相同。对于 RM 单项参数来说,在装备基本作战单元或最小任务单元以上层次很难进行明确的定义,因此尽量避免选用;而对于综合参数来说,由于一般不在装备层次考察任务执行状况,因此其在装备层次不常用。

对于最底层保障对象来说,一般关注其设计特性,如可靠性和维修性,而针对这些特性的单项参数比较能够反映这种特性;对于中间的装备基本作战单元层次或最小任务单元层次,一般既关注其整体使用特性,也关注于其某一方面的单项特性,这就要求其描述参数必须包括单项参数和综合参数两种;而对于装备作战单元层次,一般是只关注其综合性能,选用综合参数表述,对于特殊的需求,也可以选取某些单项参数来描述。

3.3　面向任务的装备作战单元保障对象系统 RM 参数的构建方法

之前所构建的装备作战单元保障对象系统及其下属各层保障对象的 RM 参数集合,并没有考虑任务特点以及面向任务该如何选取参数的问题。然而,在实际的作战或训练中,往往关心的是保障对象系统在遂行每个作战任务尤其是在每个阶段任务中所呈现出来的 RM 特性,因此需要构建面向任务的保障对象系统的 RM 参数。在剖析其构建方法之前,首先需要对作战任务进行简单的描述。

3.3.1　作战任务简述

保障对象系统作战任务的划分是一个非常复杂的工作,包括按照保障对象系统层次进行的纵向目标任务分解,以及每个保障对象系统针对其目标任务的横向任务阶段分解。最终形成的保障对象系统的作战任务系统十分复杂,如图 3 - 6 所示。

从图 3 - 6 可以看出,按照保障对象系统的层次结构,作战任务从最顶层逐层向下进行目标任务的纵向分解,最终将顶层的作战任务目标分解到保障对象系统各层的每个保障对象上。从这点出发,在构建面向任务的保障对象系统的 RM 综合参数时,首先需要针对目标任务进行 RM 综合参数的选取和描述。

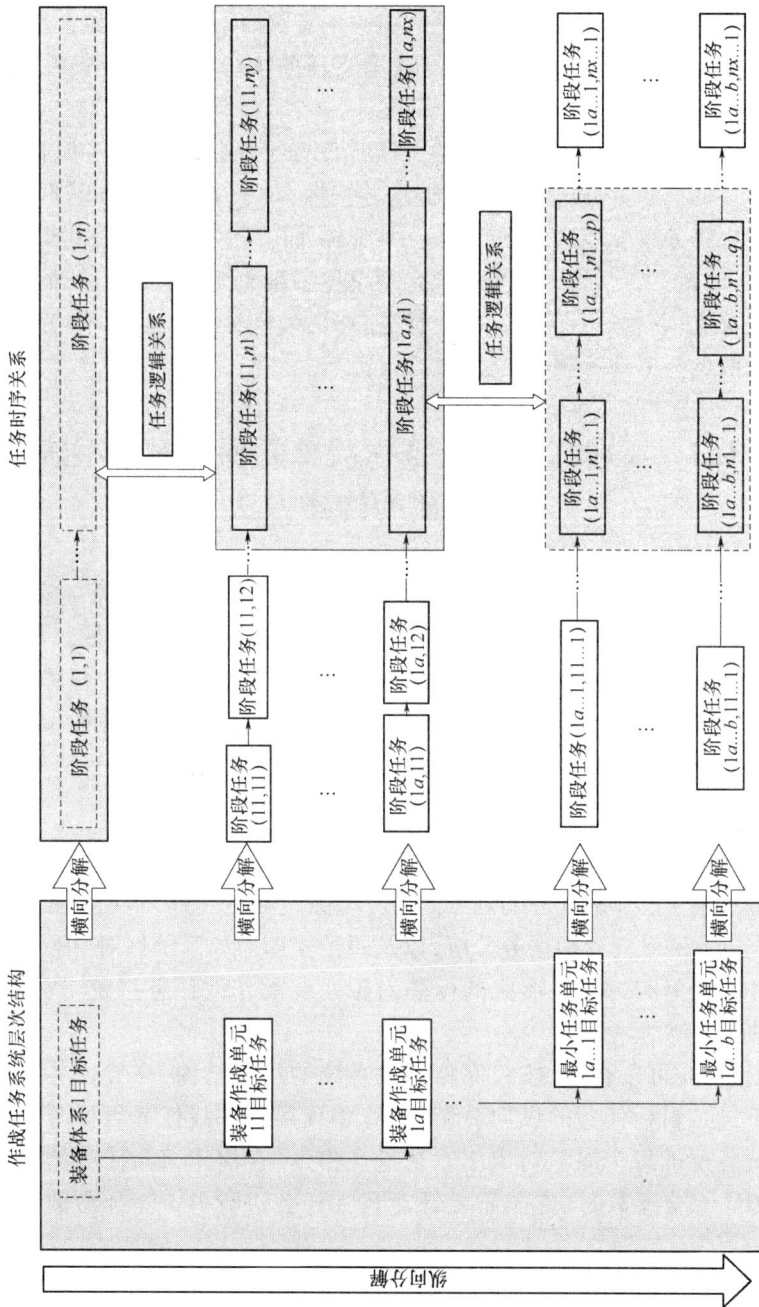

图3-6 保障对象系统的作战任务划分示意图

同时,每个层次上保障对象系统的目标任务还可按照时间顺序和任务特点,划分为一系列的阶段任务。在每个阶段任务中,保障对象系统的功能配置和运行特征都不相同,因此需要用不同的 RM 参数来进行描述。从这点出发,在构建面向任务的保障对象系统的 RM 综合参数时,要针对每个层次保障对象系统的阶段任务,进行其 RM 参数的选取和描述。

另外,在进行作战任务的划分时,其上下层的阶段任务之间会存在一定的任务逻辑关系,这个任务逻辑关系是保障对象系统 RM 建模的基础,在第 4 章中将会进行详细论述,这里简单略过。

通过对作战任务系统的简单分析可知,面向任务的保障对象系统 RM 参数的构建,需要从两个方面入手,即针对目标任务的 RM 参数的确定和针对每个阶段任务的 RM 参数的确定。

3.3.2　面向任务的 RM 参数的构建方法

在本章的开始,针对保障对象系统 RM 参数的构建,提出了一些参数构建的基本原则。在对面向任务的保障对象系统的 RM 参数进行构建时,不但必须要遵循这些基本原则,还要针对面向任务的特点,提出一定的参数构建方法。其基本方法如图 3 – 7 所示。

从图 3 – 7 中可以看出,面向任务的保障对象系统 RM 参数的构建要以保障对象系统 RM 参数集为基础,针对不同保障对象的不同任务,从相应层次的保障对象系统 RM 参数集中进行选取。具体方法如下所述。

1. 按照层次划分,以顶层任务分解为纵线进行参数构建

从保障对象系统的作战任务划分可以看出,顶层保障对象系统的作战任务可以划分为若干个任务阶段,每个任务阶段按照层次逐层向下分解。因此,在构建面向任务的 RM 参数体系时,从最顶层的某个阶段任务出发,按照这个阶段任务向下的任务分解纵线,逐层针对纵线上所涉及的每个保障对象,选取适合描述其阶段任务特性的 RM 参数。

2. 考虑上下层相关阶段任务参数的关联性

面向任务的 RM 参数构建是为保障对象系统的 RM 建模提供基础的。因此,所构建的参数体系应该在相邻的层次上互相关联,即在同一任务主线下,每层的 RM 参数不仅要能准确描述本层阶段任务的特性,还要能够聚合出上层所选的 RM 参数。这点可以从两个方面理解:在选取上层参数时,要向下层参数的选取提出要求;在选取下层参数时,也要以上层相应的参数为参考。例如,在行军任务阶段,如果导弹营保障对象选取了使用可用度的参数,则其所属的各个单

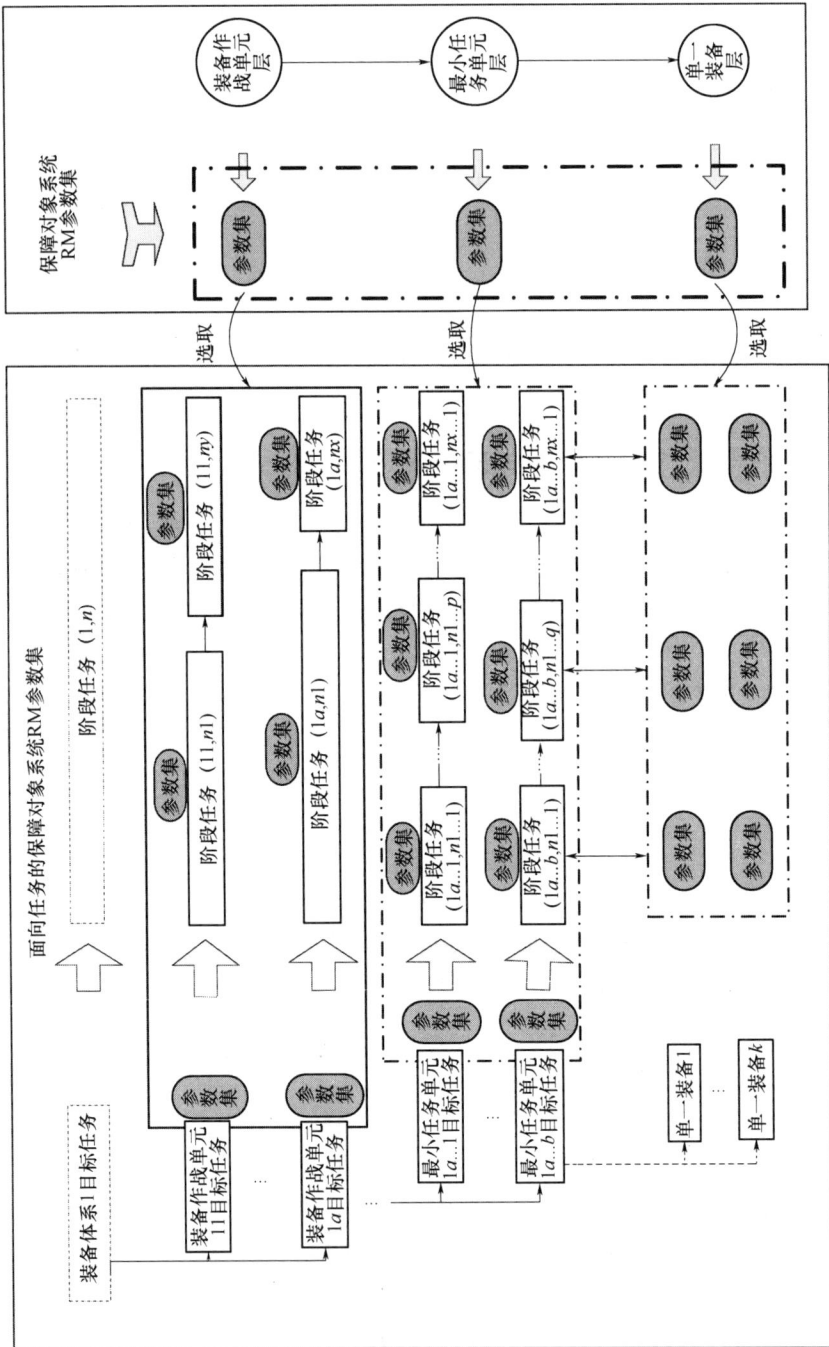

图3-7 面向任务的保障对象系统RM参数构建方法

装也要提供相应的可以用来计算导弹营使用可用度的 RM 参数,如平均故障间隔时间、平均修复时间和平均延误时间(S 参数)等。

3. 以保障对象系统各层的 RM 参数集为基础

在 3.3.1 节,构建了保障对象系统各层的 RM 参数集。在面向任务的 RM 参数构建时,要以这个参数集为基础,相应的从中选取适合描述各阶段任务的 RM 参数。例如,选取 HQ - 7 导弹营保障对象系统行军任务阶段下的 RM 参数时,就要从相应的最小任务单元层保障对象系统的 RM 参数集中进行参数的选取和确定;在选取防空旅保障对象系统行军任务阶段下的 RM 参数时,也要从相应的装备作战单元层保障对象系统的 RM 参数集中进行选取。

4. 考虑具体阶段任务的有关任务属性

在作战任务系统中,不同的阶段任务都具有各自的属性描述,如任务时间要求、任务量要求、任务的完好数量要求、任务的成功判据等。在选取 RM 参数时,要对这些因素进行综合考虑。

对于装备作战单元层保障对象系统来讲,其阶段任务的任务属性如表 3 - 1 所列。

表 3 - 1　装备作战单元层保障对象系统的阶段任务属性

任务序号	1
任务名称	行军
任务开始时间	2011 年 8 月 08 日 00:00:00
任务结束时间	2011 年 8 月 09 日 00:00:00
任务执行主体	× × ×旅
作战区域	× × ×→× × ×
任务目标	从驻地行军至集结地域,准备战斗
任务量	行军 300km
重点方向作战任务	是
任务环境	温度:15℃;湿度:10%;风沙:无;腐蚀:无

由表 3 - 1 可见,装备作战单元层的任务要求及任务成功判据比较明确,但并不代表可以进行完全量化描述。在选取 RM 参数时,要综合考虑这些属性,从装备作战单元层保障对象系统的 RM 参数集中进行选取。一般来说,选取 RM 综合参数——任务成功概率是最合适的;但在特殊需求下,也可以选取某个 RM

单项参数。

对于最小任务单元层保障对象系统来讲,其阶段任务的任务属性如表 3-2 所列。

表 3-2　最小任务单元层保障对象系统的阶段任务属性

任务序号	1
任务名称	行军
任务开始时间	2011 年 8 月 08 日 00:00:00
任务结束时间	2011 年 8 月 08 日 16:00:00
任务执行主体	×××导弹营
作战区域	×××→×××
任务目标	从驻地行军至集结地域,准备战斗
任务量	行军 300km
转换系数	30km/h
装备损坏情况	损坏率:0;轻损 0,中损 0,重损 0,报废 0
装备完好数量要求	S 车:1;F 车:2;光学瞄准具:1;导弹:8
任务期间允许维修	是
重点方向作战任务	是
任务环境	温度:15℃;湿度:10%;风沙:无;腐蚀:无

由表 3-2 可知,最小任务单元层的任务要求及任务成功判据比较详尽,从各个方面进行了描述,而且可以转化为可操作性的定量化表,如导弹营在 2h 内行军 20km。因此,对于最小任务单元层保障对象系统来说,可以综合考虑任务配置、任务判据和任务要求等因素来选取描述参数。事实上,选取最小任务单元层保障对象在其每个阶段任务的 RM 参数时,必要时需要从装备及其功能系统的根源上进行剖析,以选取合适的描述参数。例如,导弹营在执行行军任务时,其动用的是各车的底盘系统,各车底盘系统的可靠性度量参数是平均故障间隔里程,由此,导弹营在行军任务时应该采取致命性故障间的任务里程的参数。最小任务单元层面向任务的 RM 参数可以从最小任务单元层保障对象系统的 RM 参数集中进行选取。根据具体的需求,可以选取 RM 综合参数或 RM 单项参数。

对于单装层保障对象系统来讲,其阶段任务的要求是从最小任务单元层继承而来的。单装根据其所属的最小任务单元的任务,来确定采用什么参数。例如,导弹在行军任务中处于不工作状态,可以用装载可靠度来表示;而在火力射击阶段则处于工作状态,可以用发射可靠度、飞行可靠度、终点作用可靠度等一系列有关任务可靠度的参数来表示。单装的 RM 参数可以从单装层保障对象系统的参数集进行选取。

3.4　示 例 分 析

本节将结合第 2 章中联合战役保障对象系统的示例,对面向任务的保障对象系统 RM 参数的构建过程进行分析。

1. 示例描述

在第 2 章示例中,联合战役保障对象系统从上到下分为联合战役层、军兵种层、师旅层、营连层、装备层等 5 个层次。对联合战役保障对象系统从上到下进行作战任务的分解和划定,可以得到整个保障对象系统的任务体系。在这个任务体系中,对于每层保障对象系统来说,均可以将其目标任务按照时间顺序划分为若干个阶段任务,而每个阶段任务也均有其特定的属性描述。阶段任务属性是分析并确定阶段任务 RM 参数的重要依据。按照作战任务的划分,在"联合战役保障对象 – 陆军保障对象 – 防空旅保障对象 – 导弹营保障对象 – 单装"的层次中,导弹营保障对象是最小任务单元层次的保障对象。

进行保障对象层次的简化和作战任务的划分后,可得图 3 – 8 所示的示例描述。

本节即选取"防空旅保障对象—导弹营保障对象—单装"的层次主线,作为参数分析的基础。

2. 示例分析及 RM 参数构建

按照上述的构建方法,在构建面向任务的 RM 参数时,应该逐个按照每一条顶层阶段任务的纵线,逐层向下分析。在本示例中,为了体现同一层保障对象在不同阶段任务下的不同 RM 特性,就按照保障对象系统从上到下的主线逐层进行分析。

1）防空旅保障对象系统

在示例中,防空旅保障对象属于装备作战单元层。其阶段任务的属性除了阶段任务开始时间和结束时间、任务执行主体、任务目标、任务量、作战区域和任务环境几个方面外,还包括是否重点方向任务的标识。对于重点方向的任务,则

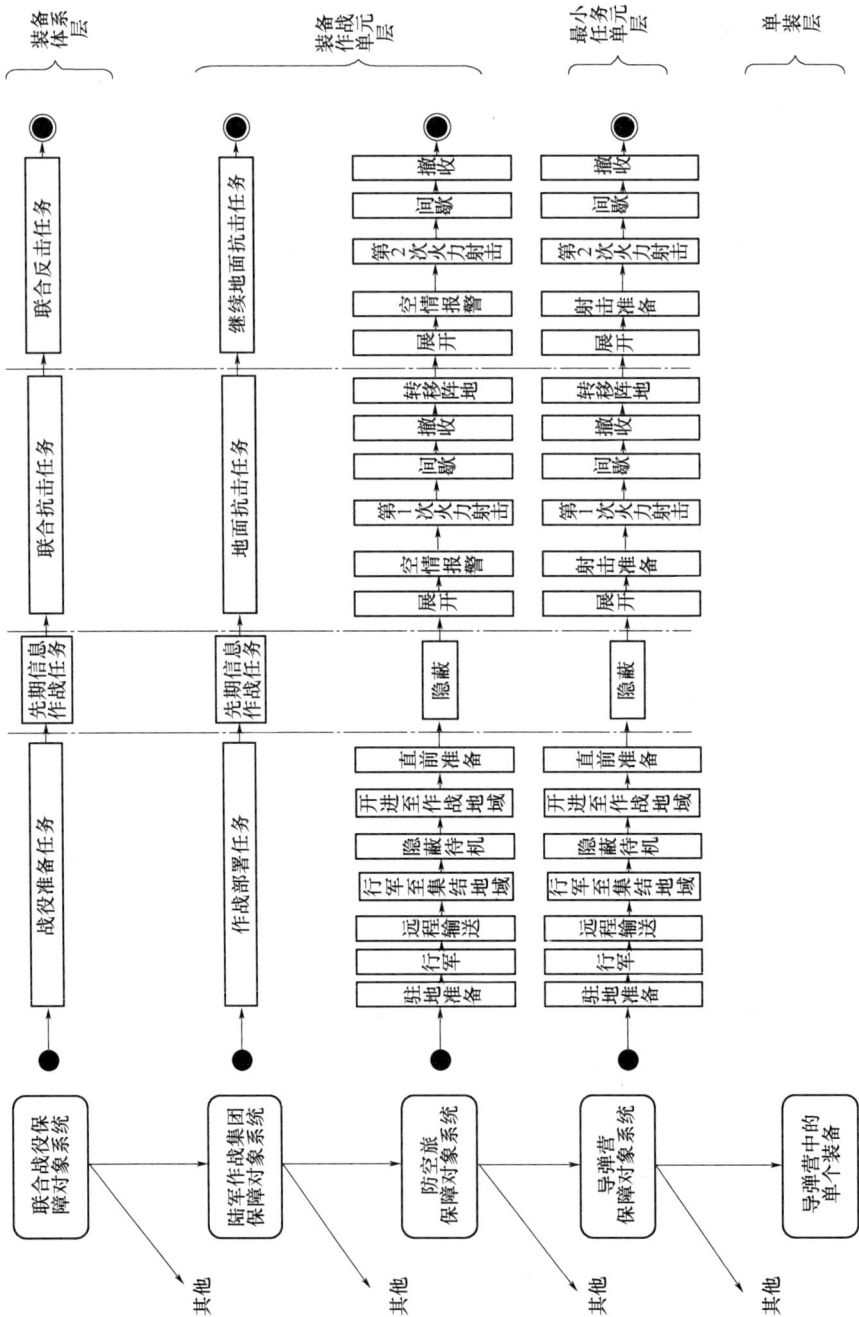

图3-8 面向任务的参数体系构建分析示例

需要优先保障其任务的完成,因而对其参数的描述也要更为精确。对于防空旅保障对象的每个任务阶段来说,只要防空旅保障对象在这个阶段中处于工作状态,就能准确给出任务量的定量要求,如行军 35km、拦截巡航导弹 4 枚等。这样,就可以应用任务成功概率等参数。对于防空旅保障对象来说,一般使用综合参数度量其每个阶段任务的特性。防空旅保障对象在不同阶段任务下的 RM 描述参数,如表 3 - 3 所列。

表 3 - 3　基于任务的防空旅保障对象 RM 参数集

阶段任务名称	所选取的 RM 参数集	备注
目标任务	任务成功概率	
驻地准备	装备完好率	只对装备进行维护
行军	任务成功概率	
远程输送	装备完好率	装备不工作
行军至集结地域	任务成功概率	
隐蔽待机	装备完好率	装备不工作
开进至作战地域	任务成功概率	
直前准备	装备完好率	装备不工作
隐蔽	装备完好率	装备不工作
展开	任务成功概率	
空情预警	任务成功概率	指挥连工作,装备待机
火力射击	任务成功概率	
间歇	装备完好率	装备不工作
撤收	任务成功概率	
阵地转移	任务成功概率	

2)导弹营保障对象系统

在示例中,导弹营保障对象是保障对象系统中的最小任务单元层次。因此,其描述参数不仅应该包括综合参数,还应该包括单项参数。

导弹营的阶段任务属性除了任务开始时间和结束时间、任务执行主体、任务目标、任务量、作战区域、任务环境和是否重点方向任务几个方面外,还增加了任务期间是否允许维修、装备完好数量要求、装备损坏情况、广义工作时间及其转换系数、日历工作时间等多种属性要求。这些任务属性不仅指明了确切的任务量定量要求,而且还指明了装备完好数量要求,同时从两个方面规定了任务的成功判据。此外,导弹营在某个阶段任务下的装备完好数量要求,也是影响此任务下可靠性框图的主要因素。

对于导弹营保障对象来说,需要综合分析不同任务阶段的任务要求,以及导弹营保障对象在不同任务阶段中的运行特性,才能准确选取适合描述其特性的RM 参数。例如,导弹营在驻地准备任务下是不开展工作的,而在行军或火力射击等任务下则要完成其所要求的功能。

3）导弹营中的单个装备

导弹营保障对象在遂行其每个阶段任务时,阶段任务要求不同,则所动用的各个单装的功能也不同,从而涉及的各个装备的功能系统也不同。对于导弹营中的单个装备来说,其在导弹营不同的任务阶段下呈现出不同的功能特性,因此装备描述这些特性的参数也不同。事实上,在装备及其功能系统之间也存在类似的关系,装备作为一个整体在不同任务下的特性,是由其不同的功能系统组合而呈现的。因此,在实际使用中,需要深入分析导弹营保障对象整体与其武器装备个体、武器装备个体与其功能系统等多层之间的关系,直到分解到拥有确定的RM 描述参数的层次即可。

例如,对于导弹营保障对象典型的行军任务阶段来说,其涉及到了发射制导车和搜索指挥车的底盘功能系统,从而由底盘的平均故障间隔里程参数,聚合到装备的致命性故障间的任务里程参数,再聚合导弹营保障对象行军任务下的致命性故障间的任务里程参数,如表 3 - 4 所列。

表 3 - 4　导弹营保障对象基于行军任务的 RM 参数集

任务阶段		行军	
参数类型		综合参数	单项参数
导弹营 保障对象系统		使用可用度、任务 成功概率	任务可靠度、致命性故障间的任务里程、任务维修度、恢复功能的任务时间、$(0,t]$ 内的平均故障次数
所涉及的 单一装备及 其功能系统	搜索指挥车	无	致命性故障间的任务里程 恢复功能的任务时间
	底盘系统		平均故障间隔里程 平均修复时间
	发射制导车		致命性故障间的任务里程 恢复功能的任务时间
	底盘系统		平均故障间隔里程 平均修复时间

由于导弹营任务阶段繁多,针对不同任务阶段,导弹营保障对象、导弹营中

的单个装备,以及各个装备的功能系统等,均会相应需要用多种 RM 参数描述。这里不再一一给出。

3.5　本 章 小 结

本章首先提出了保障对象系统 RM 参数构建的基本原则,然后整理、分析并构建了单装 RM 参数、装备基本作战单元层保障对象系统的 RM 参数,最小任务单元层的 RM 参数以及装备作战单元层的 RM 参数,从而构成一个完整的从单装到装备作战单元层保障对象系统的 RM 参数集。在此基础上,提出针对作战任务确定保障对象系统 RM 参数的方法,并最终给出了示例分析。

第4章　装备作战单元保障对象系统 RM 模型构建

4.1　装备层及装备基本作战单元层的 RM 模型分析

现阶段,在保障对象系统的单装和装备基本作战单元层,基本上建立了较为成熟的 RM 参数模型。本节即对现有的 RM 模型及其所使用的各种方法进行归类整理。

4.1.1　可靠性框图模型

可靠性框图模型是针对复杂产品的一个或一个以上的功能模式,用方框表示系统各组成部分的故障或它们的组合与系统故障的逻辑图。它反映了系统与各单元功能状态之间的逻辑关系,如串联、并联、冷储备、表决和混联等。系统与单元之间的可靠性关系不同,所构建的可靠性框图模型也不同。

由于可靠性框图模型简单易懂,目前被广泛地应用于单装层面,用来描述单一装备及其各组成部分之间的功能状态关系;且在特定的条件下(能够定义系统的故障)被扩展到装备基本作战单元层面,用来描述装备基本作战单元保障对象系统与其各个单一装备之间的功能状态关系。

在一定的假设条件下,如假设系统和单元仅有"故障"和"正常"两种状态、各单元的状态均相互独立等,可靠性框图模型可以转化为数学模型,从而建立系统与组成单元的 RM 参数之间的定量关系。可靠性框图模型不同,对应的数学模型也就不同。基于这些数学模型,可以求解系统的可靠度和平均故障间隔时间等参数。

4.1.2　状态转移模型

状态转移模型是将系统划分为若干个不同的状态,并描述这些状态之间转移关系的逻辑模型。状态转移模型的建立依赖于对系统状态的明确区分。随着系统单元数的增加,系统的状态数呈指数分布增长,最终会导致"状态爆炸"。因此,状态转移模型优于解决组成单元较少的系统的 RM 建模问题。其所对应的数学机理就是随机过程的理论与方法,可以求解系统可靠度、可用度、首次故障前时间分布、平均开机时间、平均停机时间、$(0, t]$ 的平均故障次数等 RM 参数。

与可靠性框图模型类似,建立系统的状态转移模型时,首先必须要能够明确定义系统的故障或状态,因此难以用于解决高层次装备作战单元保障对象系统的 RM 建模问题。

4.1.3　数学模型

对于系统的 RM 单项参数来讲,可以在建立可靠性框图模型或状态转移模型的基础上,相应的建立与各组成单元 RM 参数之间的数学模型。对于系统的 RM 综合参数来讲,一方面可以利用其各组成单元的 RM 参数通过建模求得,如可用度可以利用随机过程理论来获取;另一方面也可以利用系统本身的 RM 单项参数,通过建立相应的数学模型来求得。常用的 RM 综合参数的数学模型如下:

1. 战备完好率模型

系统的战备完好率 P_{or} 可以由系统的可靠度参数和维修度参数来综合获得,即

$$P_{or} = R(t) + Q(t) \cdot P(t_m < t_d) \tag{4-1}$$

式中:t 为任务持续时间;$R(t)$ 为在前一项任务中无故障的概率;$Q(t)$ 为在前一项任务中发生故障的概率;$P(t_m < t_d)$ 为系统的维修时间 t_m 不大于到下一项任务开始时间 t_d 的概率。

2. 使用可用度模型

系统的使用可用度 A_o 是一种稳态可用度,可以用系统中的能工作时间和不能工作时间来表达,即

$$A_o = \frac{U}{U + D} \times 100\% \tag{4-2}$$

式中:U 为能工作时间;D 为不能工作时间。

现阶段,针对不同类型的系统,如对于导弹、弹药等长时间处于储存状态的装备系统,导弹、声纳浮标和鱼雷等一次性使用的装备系统等,均给出了不同的使用可用度模型。当系统在使用过程中,只考虑由于修复性维修造成的不能工作时间,而忽略预防性维修,则使用可用度就可以由系统的平均故障间隔时间参

数和平均修复时间参数表达,即

$$A_o = \frac{\text{MTBF}}{\text{MTBF} + \text{MTTR} + \text{MLDT}} \tag{4-3}$$

式中:MTBF 为平均故障间隔时间;MTTR 为平均修复时间;MLDT 为平均后勤延误时间。

3. 可信度模型

可信度 D 一般可以由系统中的任务可靠度参数和任务维修度参数表达,即

$$D = R_M + (1 - R_M)M_o \tag{4-4}$$

式中:R_M 为任务可靠度;M_o 为任务期间的维修度。

可信度模型描述了两个方面的情况:①系统在任务期间可靠;②系统在任务期间出现故障,但在任务规定的时间内可以修复。

在应用可信度模型式(4-4)时,必须要明确 R_M 和 M_o 所度量的时间范围。实际上,这个模型仅仅适用于在使用过程中系统仅发生一次故障的情况。因此,在具体的使用过程中,式(4-4)并不能准确描述系统的持续工作能力,应该探求一种新的方法。在本章中,将针对任务成功概率参数进行可操作的数学模型的构建研究。

在相关研究中,一般用任务成功概率来替代可信度,描述系统的持续工作能力。

4. 任务效能模型

任务效能 E_M 是可信度参数和可用度参数的进一步综合,可以由可用度矩阵和可信度矩阵的乘积给出,即

$$E_M = A \times D \tag{4-5}$$

对任务效能进行了进一步推导,其计算模型为

$$E_M = A_o[R_M + (1 - R_M)M_o] + (1 - A_o)M_o \tag{4-6}$$

式中:A_o 为任务开始时刻系统的使用可用度;R_M 为任务可靠度;M_o 为任务期间的维修度。

任务效能模型也描述了两种情况:①任务开始时系统可用,任务结束时系统仍可用的情况;②任务开始时系统不可用,但在任务结束时系统可用的情况。

数学模型一般是在一定的假设或约束条件下建立的,且并不是所有的参数都可以利用数学模型来求解。有些参数即使可以求解,其数学模型也十分复杂。因此,对于复杂系统及其某些 RM 参数来讲,利用仿真分析的方法,建立仿真模

型是一种可行且有效的途径。

4.1.4 仿真模型

仿真模型是利用仿真的手段解决较为复杂的 RM 参数建模问题。例如,对于任务成功概率 P_{MC} 来说,适当建立其仿真模型,就可以采用统计的方法来获得,即

$$P_{MC} = \frac{n_{系统成功完成任务的次数}}{N_{系统执行任务的总次数}} \times 100\% \qquad (4-7)$$

目前,仿真模型广泛应用于保障对象系统的 RM 建模方面,尤其是针对装备基本作战单元层次。对于装备作战单元层次,由于状态的不可知性,少数文献只对任务成功概率参数进行了仿真建模研究。

4.1.5 PMS 模型

PMS(Phased – Mission System)是一种任务系统,它在整个任务执行过程中包含一系列具有时间连续且不相互重叠的任务阶段,每个任务阶段有各自不同的任务要求,且在任务系统配置、故障判据及单元故障特性等方面均会发生变化。

在实际的作战或训练中,保障对象系统所承担的作战任务一般是复杂任务,因此需要借助 PMS 理论,将其划分为若干个阶段任务,通过对每个阶段任务进行 RM 建模,最终求得整个复杂任务 RM 相关参数的模型。基于 PMS 方法所构建的模型称为 PMS 模型,如图 4 – 1所示。

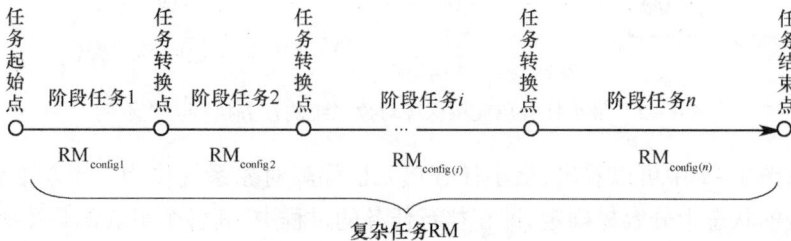

图 4 – 1 PMS 模型示例

PMS 模型主要解决保障对象系统复杂作战任务的 RM 建模问题,可以用来求解复杂任务的任务效能、任务成功概率、可信度等 RM 综合参数。实际上,在其每个阶段任务均能够建立适当的 RM 模型的基础上,PMS 模型可以应

用于任何保障对象系统的层次上。然而,但是鉴于各阶段任务在高层次上建模的局限性,目前 PMS 仅用于装备基本作战单元层保障对象系统的 RM 参数建模。

4.2 最小任务单元层保障对象系统 RM 模型的构建

4.2.1 建模分析

第3章提到,最小任务单元层保障对象系统的各组成部分以整体"抱团"的方式来遂行作战任务,每个组成部分将会按照任务要求的可靠性关系,来影响整个最小任务单元层保障对象系统的正常或故障状态。其任务执行方式如图4-2所示。

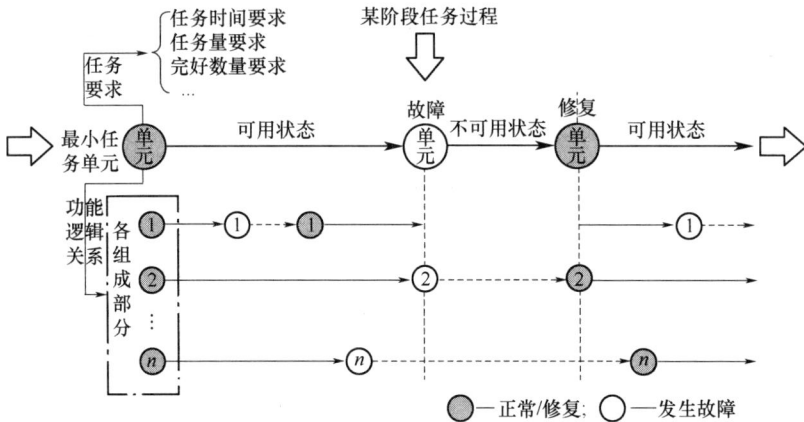

图4-2 最小任务单元层保障对象系统的任务执行方式示例

从图4-2中可以看出,最小任务单元层保障对象系统作为一个功能整体,其系统的状态十分容易确定,即在执行任务的过程中,其各个组成部分按照一定的功能逻辑关系能够满足任务执行要求,则最小任务单元保障对象就处于可用状态;反之,一旦这些组成部分的整体性能下降到不能满足任务功能的程度,则最小任务单元保障对象就会发生故障,从而转换到不可用状态。例如,对于高炮营最小任务单元来说,如果其所属的三个高炮连之间是串联的逻辑关系,则只要其中一个高炮连发生故障,则整个高炮营就会发生故障。

最小任务单元层保障对象系统的这种运行特点,是与单装或装备基本作战单元层保障对象系统基本相同的。因此,可以应用多种传统的 RM 建模方法,来构建最小任务单元层保障对象系统的 RM 模型。

4.2.2　建模方法

在前面提到,可以假设最小任务单元层保障对象系统是由各种单一装备构成的。因此,最小任务单元层保障对象系统的 RM 参数应该从其各个装备的 RM 参数聚合而来,这个聚合的过程就构成了最小任务单元层的 RM 模型,如图 4 - 3 所示。

从图 4 - 3 中可以看出,最小任务单元层保障对象系统的 RM 建模可以从以下几个方面进行:① 某一阶段任务下,最小任务单元层保障对象系统的 RM 单项参数可以由各个单装的 RM 单项参数聚合得到;② 某一阶段任务下,最小任务单元层保障对象系统的 RM 综合参数可以由各个单装的 RM 单项参数聚合得到;③ 某一阶段任务下,最小任务单元层保障对象系统的 RM 综合参数可以由其自身的 RM 单项参数计算得到;④ 在复杂任务下,最小任务单元层保障对象系统的 RM 参数可以由各阶段的 RM 参数综合得到。

对于情况①和②,可以建立最小任务单元层保障对象系统的可靠性框图模型或状态转移模型,利用数学方法进行参数之间定量关系的分析和建立;也可以直接建立仿真模型,通过仿真统计获取最小任务单元层保障对象系统的各种 RM 单项参数或综合参数,如 MTBF、MTTR、任务成功概率等。

对于情况③,可以直接建立最小任务单元层保障对象系统的 RM 综合参数与其 RM 单项参数之间的关系模型,如直接使用式(4 - 1) ~ 式(4 - 6),或在此基础上针对不同的需求进行相应的公式推导和建立;也可以借助仿真方法,建立最小任务单元层保障对象系统基于其 RM 单项参数的仿真过程,通过仿真统计来获取其 RM 综合参数。

对于情况④,可以根据 PMS 理论,建立复杂任务的 PMS 模型,利用数学方法计算复杂任务的任务效能或可信度等 RM 参数,如 $D_{复杂任务} = D_{阶段任务1} \times D_{阶段任务2} \times \cdots \times D_{阶段任务i} \times \cdots$;同时,也可以利用仿真的方法进行仿真统计计算,这里不再赘述。

至此,对于最小任务单元层保障对象系统的任何一个复杂任务及其每个阶段任务,都可以建立一组 RM 模型。

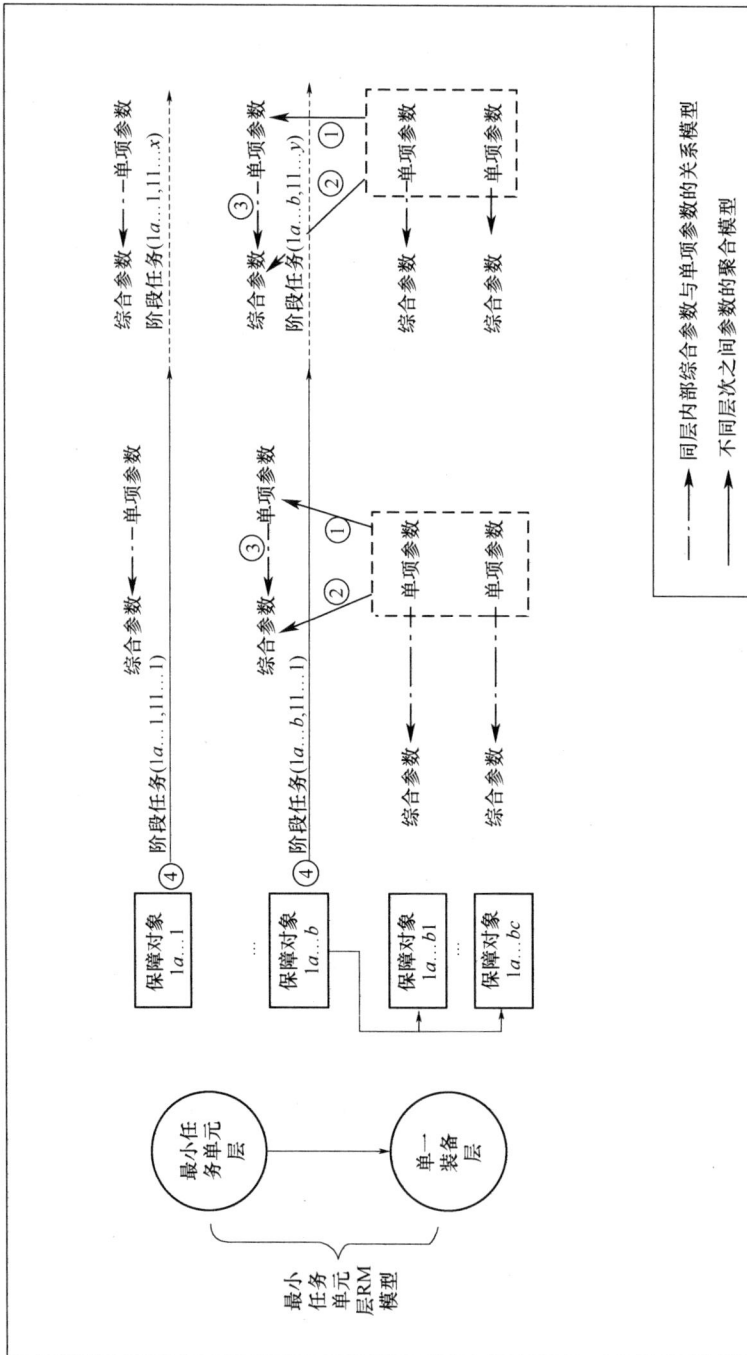

图4-3 最小任务单元层保障对象系统RM建模总体方法

4.2.3　建模过程

最小任务单元是面向任务提出的,一般不会脱离任务来进行最小任务单元的相关研究。最小任务单元层保障对象系统的作战任务一般为复杂任务,因此,在进行 RM 建模时,可以根据 PMS 理论,将复杂任务划分为阶段任务,在此基础上,利用所提出的建模方法对最小任务单元层保障对象系统进行 RM 建模研究。

4.2.3.1　建立复杂任务的任务时序模型

在作战任务系统中,每个保障对象系统的目标任务是一个复杂任务,对其进行横向分解时,其实是将其按照时序划分成若干个配置不同且互不重叠的阶段任务,这就构成了复杂任务的时序模型,可以参考图 3-6。任务时序模型中的每个阶段任务的配置不同,其任务要求、任务成功判据、各组成部分的 RM 水平及其功能可靠性关系也不尽相同。因此,在对每个阶段任务进行 RM 建模时,就要综合考虑这些因素的影响。

4.2.3.2　建立功能组成模型和可靠性逻辑关系模型

在最小任务单元层保障对象系统执行特定作战任务的过程中,针对每一个任务阶段,其功能组成不同。根据任务特点的不同,参与任务的装备不同,每个装备所涉及的功能系统也不同。这样,在建立 RM 参数模型之前,首先需要对这种多层功能组成关系进行分析,建立最小任务单元层保障对象系统的功能组成模型,如图 4-4 所示。

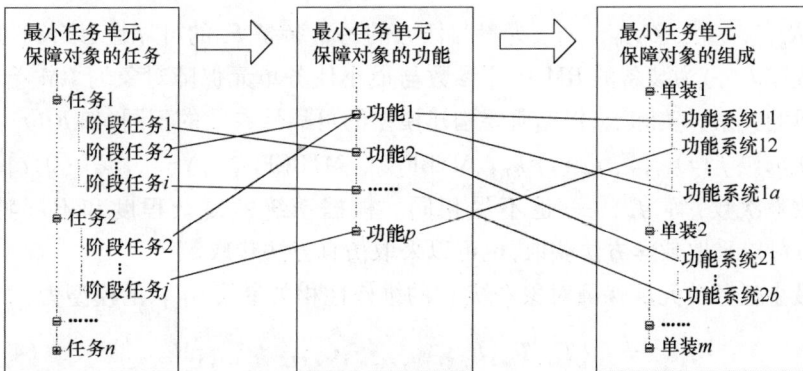

图 4-4　最小任务单元保障对象的功能组成模型

针对某个特定的作战任务阶段,通过功能组成分析,能够确定最小任务单元层保障对象系统执行此任务阶段的各个组成部分。在这个基础上,要进一步确定这些组成之间的功能逻辑关系,也即可靠性关系,如串联、并联、冷储备、表决以及它们的复杂组合等,这些可靠性关系一般通过建立可靠性框图模型来表示,这里不再赘述。

4.2.3.3 建立 RM 参数模型

1. 建立阶段任务 T_i 的 RM 参数模型

记某最小任务单元层保障对象为 U,记 U 的某个任务阶段为 T_i。

在 T_i 中,设参与任务的装备分别为 $E_1,E_2,\cdots,E_j,\cdots,E_n$。

在 T_i 中,已知其任务时间要求为 T_{io},任务量要求为 T_{iw},维修策略表示为 $M_{CL(T_i)}$。

在 T_i 中,已知 U 的可靠性相关参数为 $R_{U(T_i)}$,维修性相关参数为 $G_{U(T_i)}$,综合参数统一表示为 $ZH_{U(T_i)}$;每个装备 E_j 的可靠性相关参数为 $R_{E_j(T_i)}$,维修性相关参数为 $G_{E_j(T_i)}$。

下面给出阶段任务 T_i 下最小任务单元 U 的 RM 单项参数模型和 RM 综合参数模型。

1) RM 单项参数模型

最小任务单元层保障对象系统的 RM 单项参数模型包括可靠性参数模型和维修性参数模型。根据图 4 - 3 中针对情况①的建模方法的分析,其可靠性相关参数 $R_{U(T_i)}$ 的模型为

$$R_{U(T_i)} = f_R(T_{io},T_{iw},R_{E_j(T_i)\,|\,j=1\to n},G_{E_j(T_i)\,|\,j=1\to n},M_{CL(T_i)}) \qquad (4-8)$$

式中:$R_{E_j(T_i)\,|\,j=1\to n}$、$G_{E_j(T_i)\,|\,j=1\to n}$ 为参与任务的每个装备 E_j 的可靠性、维修性的相关参数;$f_R(\cdot)$ 为装备的 RM 单项参数与最小任务单元保障对象的 RM 单项参数之间的关系。实际上,根据所要构建模型的可靠性参数的不同,如 $R(t)_{U(T_i)}$、$R_m(t)_{U(T_i)}$、$f(t)_{U(T_i)}$、$f_m(t)_{U(T_i)}$、$\mathrm{MTBF}_{U(T_i)}$、$\mathrm{MTBCF}_{U(T_i)}$、$N_{(0\to t)\,U(T_i)}$、$(0,t]$ 内的平均故障次数)等,$f_R(\cdot)$ 也不尽相同。根据系统的复杂程度和不同特点,$f_R(\cdot)$ 可以采取数学方法获取,也可以采取仿真方法获取。

最小任务单元层保障对象系统 U 的维修性相关参数 $G_{U(T_i)}$ 的模型为

$$G_{U(T_i)} = f_G(T_{io},T_{iw},R_{E_j(T_i)\,|\,j=1\to n},G_{E_j(T_i)\,|\,j=1\to n},M_{CL(T_i)}) \qquad (4-9)$$

同理,根据所要构建模型的维修性参数的不同,如 $G(t)_{U(T_i)}$、$G_m(t)_{U(T_i)}$、

$g(t)_{U(T_i)}$、$g_m(t)_{U(T_i)}$、$\mathrm{MTTR}_{U(T_i)}$、$\mathrm{MTTRF}_{U(T_i)}$ 等，$f_G(\cdot)$ 也不尽相同，且可以采取数学方法或仿真方法来获取。

2）RM 综合参数模型

最小任务单元层保障对象系统的 RM 综合参数模型，可由图 4 - 3 中针对情况②的建模方法得到，即

$$\mathrm{ZH}_{U(T_i)} = f_{\mathrm{ZH}}(T_{io}, T_{iw}, R_{E_j(T_i)\,|\,j=1\to n}, G_{E_j(T_i)\,|\,j=1\to n}, M_{CL(T_i)}) \qquad (4-10)$$

式中：$\mathrm{ZH}_{U(T_i)}$ 为任意 RM 综合参数。

根据所要构建模型的综合参数的不同，如 $P_{\mathrm{or}\,|\,U(T_i)\,|}$、$A_{\mathrm{o}\,|\,U(T_i)\,|}$、$P_{\mathrm{MC}\,|\,U(T_i)\,|}$、$E_{m\,|\,U(T_i)\,|}$、$D_{U(T_i)}$ 等，$f_{\mathrm{ZH}}(\cdot)$ 也不同。同样的，$f_{\mathrm{ZH}}(\cdot)$ 可以采取数学方法获取，如利用马尔可夫过程求解系统的可用度；也可以采取仿真的方法获取，如式(4-7)所计算的任务成功概率。

另外，根据图 4 - 3 中针对情况③的建模方法的分析，可以给出其综合参数 $\mathrm{ZH}_{U(T_i)}$ 的另一种模型，即

$$\mathrm{ZH}_{U(T_i)} = f'_{\mathrm{ZH}}(T_{io}, T_{iw}, R_{U(T_i)}, G_{U(T_i)}) \qquad (4-11)$$

即用系统的 RM 单项参数来求解系统的 RM 综合参数。式(4-1)~式(4-6)给出了不同综合参数的数学表达式；实际上也可以采用仿真方法获取，在此不再赘述。

3）任务成功概率 P_{MC} 的数学模型深化

现有的可信度模型仅仅适用于在使用过程中系统仅发生一次故障的情况。实际上，最小任务单元层保障对象在执行任务过程中会随机发生多次故障。本节针对这个参数，重新建立了一种适用于多次故障的可信度模型。在以后的章节中，用任务成功概率 P_{MC} 来统一代表这个参数。

（1）已知条件分析。设最小任务单元层保障对象系统（以下简称系统）在某个任务下的任务时间要求为 t，任务量要求为 t_w，在任务过程中允许维修的时间为 $t-t_w$。同时，设最小任务单元层保障对象系统在此任务下的任务可靠度为 $R_m(t)$，任务维修度为 $G_m(t)$，故障密度函数为 $f_m(t)$，维修时间密度函数为 $g_m(t)$。

（2）当系统在任务过程中发生 r 次故障时，求取 $P_{\mathrm{MC}}(t,t_w,r)$。当系统在任务过程中发生 r 次故障时，如果在规定的允许维修时间 $t-t_w$ 内能够修复，则系统就可以完成任务。记 A_i 为系统在任务持续期间 t_w 内发生 i 次故障的状态，B_i 为在规定的维修时间 $t-t_w$ 内修复 i 次故障的状态。这样，系统持续工作的状态 $S(t,t_w,r)$ 就可以表示为

$$S(t, t_w, r) = A_r(t_w) \cap \left(\bigcup_{j=r}^{\infty} B_j(t - t_w) \right) \qquad (4-12)$$

式(4-12)表示在任务要求时间 t_w 内系统发生 r 次故障与在时间 $t - t_w$ 内能够修复 r 次故障,或能修复 $r+1$ 次故障,或能修复 $r+2$ 次故障等,一直到能够修复无限次故障这两者同时发生的状态。显然,这些都是能够完成任务的状态。对式(4-12)两边求概率,即为系统在任务过程中发生 r 次故障的任务成功概率 $P_{MC}(t, t_w, r)$。由于 A_i 与 B_i 状态的不相容性,可得

$$P_{MC}(t, t_w, r) = P\{A_r(t_w)\} \times \sum_{j=r}^{\infty} P\{B_j(t - t_w)\} \qquad (4-13)$$

式中: $P\{A_r(t_w)\}$ 为系统在 t_w 内恰好发生 r 次故障的概率; $P\{B_j(t - t_w)\}$ 为系统在 $t - t_w$ 内能够修复 j 次故障的概率。

这两个概率可以由以下公式给出,即

$$P\{A_r(t_w)\} = 1 - \left[(1 - R_m(t_w)) \right]_*^r$$
$$P\{B_r(t - t_w)\} = 1 - \left[G_m(t - t_w) \right]_*^r \qquad (4-14)$$

式中: $\left[(1 - R_m(t_w)) \right]_*^r$ 为 $1 - R_m(t_w)$ 的 r 次卷积; $\left[G_m(t - t_w) \right]_*^r$ 为 $G_m(t - t_w)$ 的 r 次卷积。

至此,综合式(4-13)和式(4-14),可得系统在任务时间为 t、任务量为 t_w 的阶段任务内,恰好发生 r 次故障时的任务成功概率为

$$P_{MC}(t, t_w, r) = \{1 - \left[(1 - R_m(t_w)) \right]_*^r\} \times$$
$$\sum_{j=r}^{\infty} \{1 - \left[G_m(t - t_w) \right]_*^j\} \qquad (4-15)$$

(3)求解系统在任务过程中发生故障的次数 r 的范围及概率。实际上,系统在执行任务过程中可能发生的故障次数 r 是随机的。因此,需要求出 r 的范围及相应概率。

系统在执行任务过程中,其正常事件和维修事件是交替出现的,交替过程如图4-5所示。

记其正常工作的过程为随机变量 X,维修的过程为随机变量 Y,则随机变量 X 的故障密度函数即为 $f_m(t)$,随机变量 Y 的故障密度函数即为 $g_m(t)$。

令

$$Z_i = \begin{cases} X_1 & i = 1 \\ Y_{i-1} + X_i & i = 2, 3, \cdots, L \end{cases} \qquad (4-16)$$

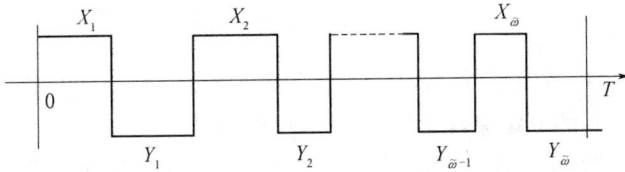

图 4-5　任务执行中正常与维修的交替过程

显然，$\{Z_i, i = 1, 2, \cdots, L\}$ 是一串独立同分布的随机变量序列。由于系统进入 Y_i 之后的行为与进入 Y_i 之前的行为无关,因此 $\{Z_i, i = 1, 2, \cdots, L\}$ 构成一个更新过程。这个过程的更新寿命分布为

$$Q(t) = \begin{cases} 1 - R_m(t) & Z_i \text{ 为 } Z_1 \\ (1 - R_m(t)) * G_m(t) & Z_i \text{ 为 } Z_2, Z_3, \cdots, Z_L \end{cases} \qquad (4-17)$$

这样,系统在 $[0, t]$ 时间内恰好停机 r 次的概率为

$$P\{r\} = Q^{(r+1)}(t) - Q^{(r+2)}(t) \quad r = 0, 1, 2, \cdots, L \qquad (4-18)$$

由于任务时间 t 的有限,设 γ 为任务期间故障次数有限的风险系数,在这个风险系数下,系统在 $[0, t]$ 时间内的最大停机次数为

$$r_{\max} = \max\left\{ n \left| P\left\{ \sum_{i=1}^{n} Z_i \leqslant t \right\} \geqslant \gamma \right\} \right. - 1 \qquad (4-19)$$

(4) 求解系统在此次任务中的任务成功概率 $P_{MC}(t, t_w)$。由以上分析可知,系统在此次任务中的任务成功概率为

$$P_{MC}(t, t_w) = \sum_{r=0}^{r_{\max}} P\{r\} \cdot P_{MC}(t, t_w, r) \qquad (4-20)$$

综合式 (4-15) 和式 (4-20),则系统在任务时间为 t、任务量为 t_w 的阶段任务内,其任务成功概率为

$$P_{MC}(t, t_w) = \sum_{r=0}^{r_{\max}} P\{r\} \cdot \Big\{ \big\{ 1 - \big[(1 - R_m(t_w)) \big]_*^r \big\} \cdot$$

$$\sum_{j=r}^{\infty} \big\{ 1 - \big[G_m(t - t_w) \big]_*^j \big\} \Big\} \qquad (4-21)$$

2. 建立复杂任务 T 的 RM 参数模型

设复杂任务 T 可以划分为 m 个任务阶段,其他的相关符号同阶段任务中所示。根据图 4-3 中针对情况④的建模方法的分析,复杂任务 T 的 RM 参数

$RM_{U(T)}$ 的模型为

$$RM_{U(T)} = f_{RM}\left(R_{U(T_i)}\mid_{i=1\to m}, G_{U(T_i)}\mid_{i=1\to m}, ZH_{U(T_i)}\mid_{i=1\to m}, T_{relation}\right) \quad (4-22)$$

式中：$T_{relation}$ 表示各阶段任务之间的转换关系。复杂任务一般关系其 RM 综合参数模型，针对不同的 RM 综合参数，$f_{RM}(\cdot)$ 也不同。$f_{RM}(\cdot)$ 可以采取数学方法获取，也可以采取仿真的方法获取。一般来讲，仿真方法更为便捷，因此比较常用。

4.2.3.4　建立 RM 仿真模型

通过上面针对各 RM 参数的模型分析可知，一般参数模型可以用数学方法来获取其解析模型，也可以利用仿真方法获取其仿真模型。然而，并不是所有的参数都可以用解析模型来表示，针对解析模型的局限性，本节采取仿真的方法来构建上述各种 RM 参数的仿真模型。

构建最小任务单元层保障对象系统的 RM 参数仿真模型，实际上是以最小任务单元中各装备的 RM 参数指标为基础，通过分析特定任务下的功能配置，以最小任务单元及其装备的使用和维修活动为建模对象，通过仿真最小任务单元的任务使用和维修过程，统计相关数据，最终利用有关统计计算方法来获取最小任务单元保障对象的各种 RM 参数指标。利用仿真方法构建最小任务单元层保障对象 RM 参数模型的基本过程如图 4-6 所示。

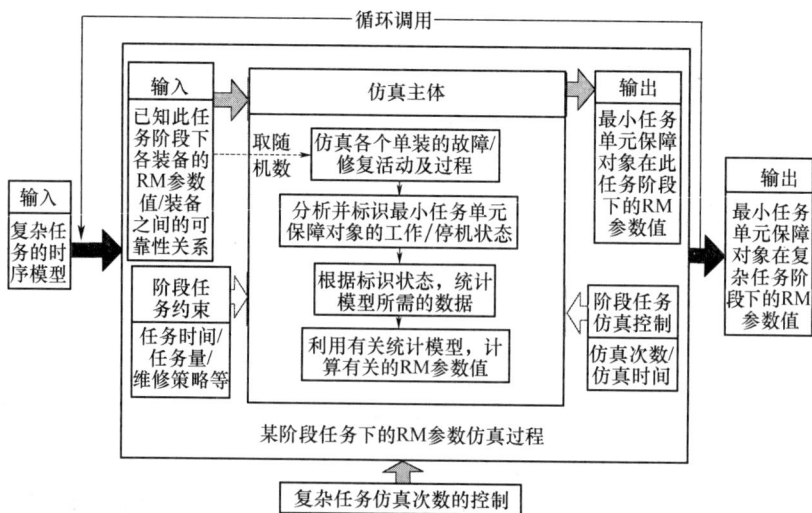

图 4-6　最小任务单元层保障对象系统的仿真过程

图 4 - 6 中,整个最小任务单元层保障对象系统的 RM 参数的仿真过程,可以分为阶段任务的 RM 仿真过程和复杂任务的 RM 仿真过程,其中后者是在前者的基础上,通过循环调用来实现的。根据仿真所收集的数据,利用相关的统计模型,可以计算获取最小任务单元层保障对象系统的各种 RM 参数指标。

4.2.3.5　RM 参数的统计计算

仿真方法的优势之一就是可以利用大量的统计数据求取平均值。因此,对于每个仿真模型,需要设定其每次仿真分析的仿真次数(如 1000 次)以及每次仿真的时间长度(如 1000s,针对具体阶段任务可以直接采用阶段任务时间)。同时,对于所统计的大量数据,需要通过一定的统计计算模型,来最终给出最小任务单元层保障对象系统 RM 参数值。以下是几种典型 RM 参数的相关统计模型,其中单项参数一般针对单个阶段任务,综合参数则一般是针对整个复杂任务的。

1. 致命性故障间的任务时间(MTBCF)

在仿真过程中,记录最小任务单元层保障对象系统的所有停机的时刻 $t_{停机}$ 和修复后的开机时刻 $t_{开机}$,则 MTBCF 应该由相邻的 $t_{停机} - t_{开机}$ 的多次平均值来表示。

设每次仿真分析的仿真次数为 n,任务时间为 t,且仿真过程中只考虑故障维修时间,不考虑延误,则最小任务单元保障对象的 MTBCF 为

$$\text{MTBCF} = \left(\sum_{i=1}^{n} \frac{t_{总工作时间}}{t_{停机总次数}} \right) / n \tag{4 - 23}$$

式中:$t_{总工作时间}$ 为每次任务时间 t 内最小任务单元保障对象的总工作时间;$t_{停机总次数}$ 为每次任务时间 t 内最小任务单元的停机(故障)总次数。

2. 任务可靠度 $R_m(t)$

记录仿真过程中的足够多次 $t_{停机} - t_{开机}$。将这些数据按照从小到大的顺序进行排列,并记做 $t_1, t_2, \cdots, t_n$。在 $t_1 \sim t_n$ 之间等分若干个区间,统计 $t_1, t_2, \cdots, t_n$ 中落在每个区间内的个数,按照可靠度的统计方法,求取每个区间内的剩余个数占所有个数的比例。将这些比例点连接起来,则就可以得到系统的任务可靠度曲线。当次数记录足够多、区间划分足够小时,这个曲线就能比较准确的描述系统的任务可靠度变化规律。在这个基础上,可以通过回归分析法,拟合系统的任务可靠度 $R_m(t)$。

3. 恢复功能的任务时间 MTTRF

任务维修性参数是与维修策略密切相关的,不同的维修策略下,任务维修性相关参数的模型也不同。在本节的分析中,采取"即坏即修"的维修策略。最小任务单元层保障对象系统中的装备一旦故障,立即进行修理,修复后立即投入使用。

MTTRF 的统计计算是与 MTBCF 正好相反,即在仿真过程中,MTTRF 应该由相邻的 $t_{开机} - t_{停机}$ 的多次平均值来表示。由此,则最小任务单元保障对象的 MTTRF 为

$$MTTRF = \left(\sum_{i=1}^{n} \frac{t_{总停机时间}}{t_{停机总次数}} \right) / n \qquad (4-24)$$

式中:$t_{总停机时间}$ 为每次任务时间 t 内最小任务单元保障对象的总停机时间;$t_{停机总次数}$ 为每次任务时间 t 内最小任务单元的停机(故障)总次数。

4. 任务维修度 $G_m(t)$

记录仿真过程中的足够多次 $t_{开机} - t_{停机}$。将这些数据按照从小到大的顺序进行排列,并记为 $t'_1, t'_2, \cdots, t'_n$。在 $t'_1 \sim t'_n$ 之间等分若干个区间,统计 $t'_1, t'_2, \cdots, t'_n$ 中落在每个区间内的个数,按照维修度的统计方法,求取每个区间内的累加个数占所有个数的比例。将这些比例点连接起来,则就可以得到系统的任务维修度曲线。当次数记录足够多、区间划分足够小时,这个曲线就能比较准确的描述系统的任务维修度变化规律。在这个基础上,可以通过回归分析法,来拟合系统的任务可靠度 $G_m(t)$。

5. $(0, t]$ 内的平均故障次数 $N_{(0 \to t)}$

统计每次仿真的故障次数,利用多次求平均,可以直接得到这个参数。

6. 使用可用度 A_o

在上述统计数据下,最小任务单元层保障对象系统的使用可用度为

$$A_o = \left(\sum_{i=1}^{n} \frac{t - t_{总停机时间}}{t} \right) / n \qquad (4-25)$$

7. 任务成功概率 P_{MC}

在上述统计数据下,最小任务单元层保障对象系统的任务成功概率可以由式(4-7)计算得到,这里不再赘述。

4.2.4 示例分析

本节将结合第 2 章的示例,进一步说明最小任务单元层保障对象系统 RM

参数模型的构建方法和过程。

在第 2 章的示例中,导弹营是最小任务单元。本节将从导弹营保障对象的任务分析、功能组成分析以及任务可靠性框图分析出发,选取其典型任务进行相关参数模型的构建研究。

1. 典型任务剖面

在要地防空联合战役中,导弹营保障对象系统随着联合战役的作战进程,遂行的任务也繁杂多变。本节选取其一个典型任务剖面来进行分析,如图 4 - 7 所示。

图 4 - 7 　导弹营保障对象的典型任务剖面

2. 功能组成分析

导弹营保障对象包括作战装备和支援装备。为了简便明了并突出说明问题,这里只选择主战装备来进行分析。其功能组成分析如图 4 - 8 所示。

3. 建立任务可靠性框图

行军任务和火力射击任务是导弹营保障对象的典型任务,这里对这两种任务进行详细分析。

导弹营保障对象在行军过程中需要遵守行军速度,行军一段路程后应停车检查各部的固定是否松动,检查轮胎、制动箍是否发热等;发生后故障及时维修,且采用"即坏即修"的维修策略;行军任务中主要涉及到各装备的动力系统和转向行走系统等。根据导弹营保障对象系统在行军任务中的任务要求(表 3 - 2),可以确定其任务可靠性框图,如图 4 - 9 所示。

同理,导弹营保障对象在上级下达作战命令后,搜索指挥车开始工作。目标进入作战范围后,搜索指挥车或光学瞄准具在上级指定的空域内搜索、发现、跟踪和识别目标,并进行目标分类、威胁判断、火力分配和目标指示,直到把目标指示给发射制导车。发射制导车接收到搜索指挥车的目标指示后,捕获目标并进行跟踪,进行拦截可能性计算,发射 2 发导弹(假设此阶段为两发齐射)。发射序列完成,导弹离轨,进入制导飞行阶段,经由无控飞行序列、红外预制导序列、制导序列后,当目标进入红外引信视场,并在导弹的作用距离之内时,引信引爆战斗部,击毁目标。此阶段,任务时间短,不允许维修。根据上述描述,也可以确定导弹营保障对象系统在火力射击阶段的任务可靠性框图,如图 4 - 10 所示。

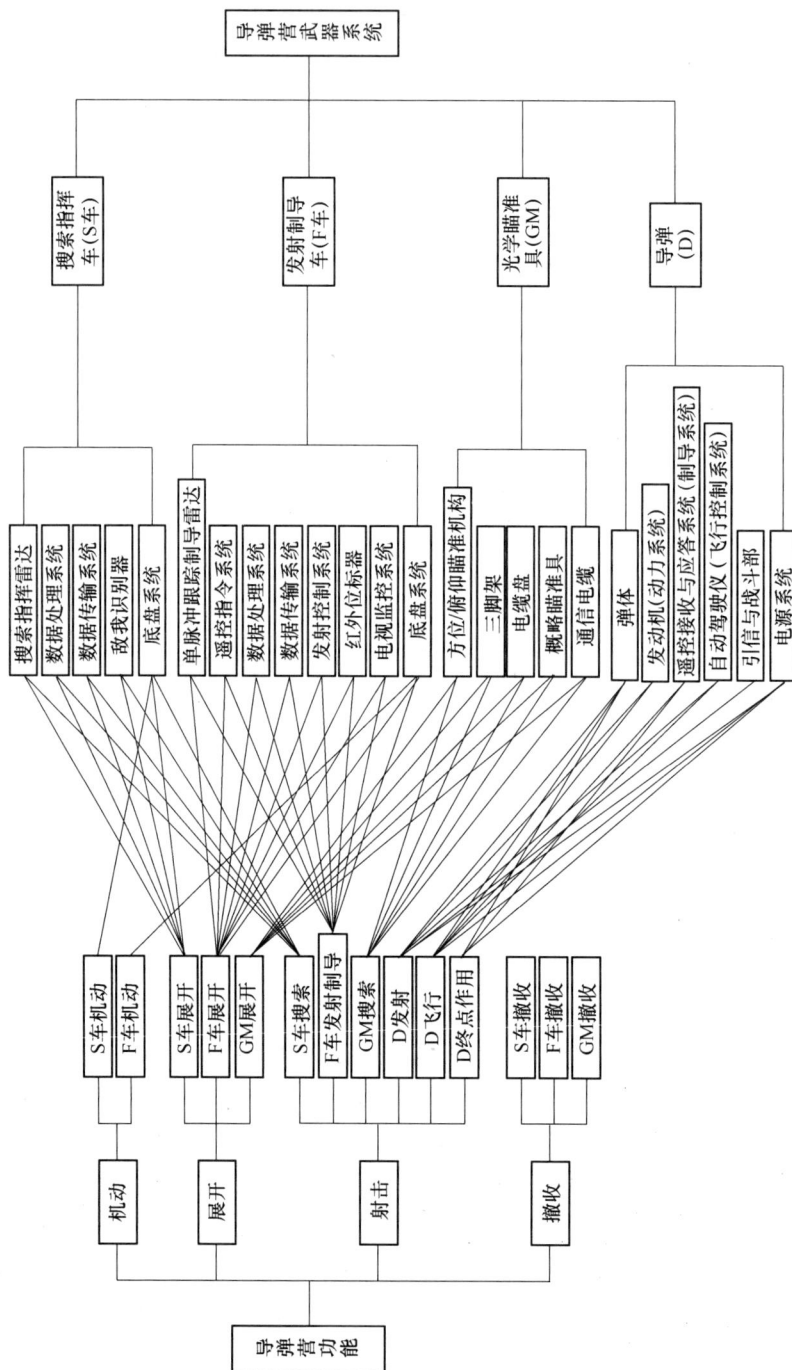

图4-8 导弹营保障对象的功能组成分析图

图 4 - 9　导弹营行军任务可靠性框图

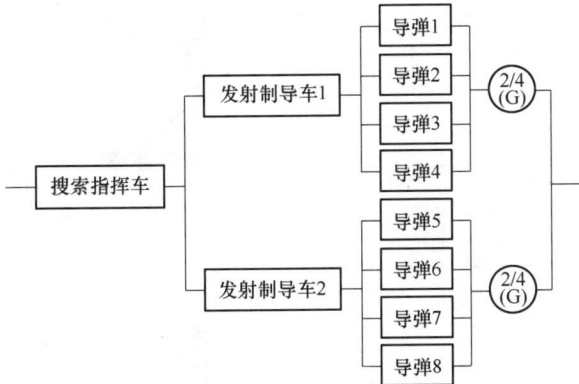

图 4 - 10　导弹营行军火力射击任务可靠性框图

4. 仿真分析

1）行军任务

基于前面对导弹营保障对象系统在行军任务下所构建的 RM 参数集（表 3 - 4），采用仿真方法对导弹营保障对象系统进行 RM 参数的建模分析。仿真过程如图 4 - 6 所示。假设导弹营保障对象系统的各装备的故障和维修时间分布均服从指数分布，则导弹营保障对象系统在行军任务下的输入数据如表 4 - 1 所列。

表 4 - 1　导弹营保障对象系统行军任务的输入数据

装备	R 参数		M 参数	
搜索指挥车	致命性故障间的任务里程	1550km	恢复功能的任务时间	1/12.0h
发射制导车	致命性故障间的任务里程	1550km	恢复功能的任务时间	1/12.0h
任务时间	16h			
任务量	300km			
转换系数	30km/h			

利用所构建的仿真模型以及相关 RM 参数的统计模型，可以得到导弹营保障对象系统在行军任务下的 RM 参数，如 $R_m(t)$、MTBCF、$G_m(t)$、MTTRF、$N_{(0 \to t)}$、A_o、P_{MC} 等。下面给出仿真得到的 $R_m(t)$ 曲线和 $G_m(t)$ 曲线，如图 4 - 11 所示。

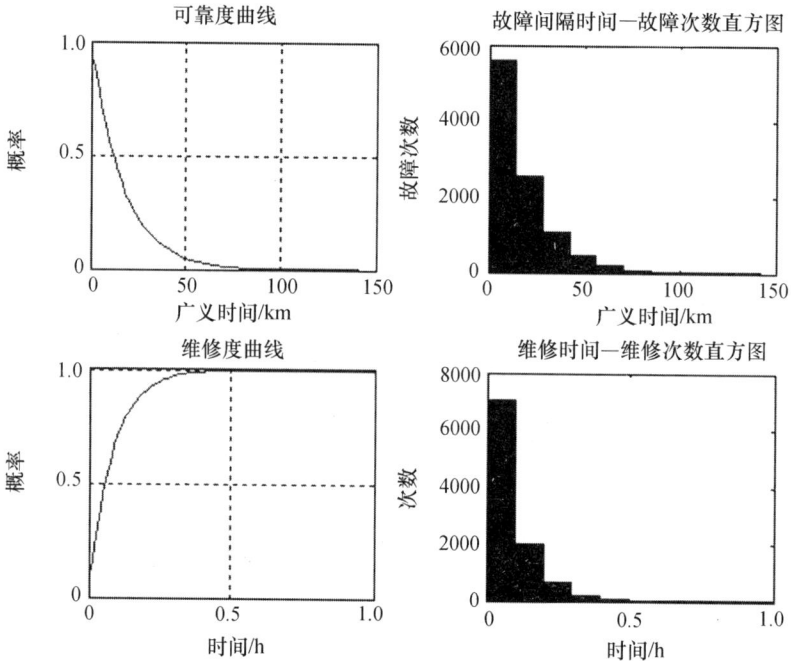

图 4 - 11　导弹营行军任务可靠度和任务维修度的仿真曲线

相关的输出数据如表 4 - 2 所列。

表 4 - 2　导弹营保障对象系统行军任务的输出数据

最小任务单元保障对象的 RM 参数类型	参数值
$R_m(t)$	$R_m(t) = \mathrm{e}^{-t/517}\,\mathrm{km}$
MTBCF	517km
$G_m(t)$	$G_m(t) = 1 - \mathrm{e}^{-t/0.08}\,(\mathrm{h})$
MTTRF	0.08h
$N_{(0 \to t)}$	1.8
A_o	0.99
P_{MC}	0.67

2）火力射击任务

基于上面构建的导弹营保障对象系统在火力射击任务下的任务可靠性框图,采用仿真方法对导弹营保障对象系统进行 RM 参数的建模分析,仿真过程如图 4 - 6 所示。假设导弹营保障对象系统的各装备的故障和维修时间分布均服

从指数分布,则导弹营保障对象系统在火力射击任务下的输入数据如表 4 - 3
所列。

表 4 - 3　导弹营保障对象系统火力射击任务的输入数据

装　备	R 参数	
搜索指挥车	致命性故障间的任务时间	50h
发射制导车	致命性故障间的任务时间	45h
导弹	任可靠度	0.98
任务时间	0.001389h	
任务量	4 枚导弹	
转换系数	0.000695 枚/h	

利用所构建的仿真模型以及相关 RM 参数的统计模型,可以得到导弹营保
障对象系统在火力射击任务下的 RM 参数。由于任务过程中不允许维修,则只
可以获取 $R_m(t)$、MTBCF 等。下面给出仿真得到的 $R_m(t)$ 相关曲线,如图 4 - 12
所示。

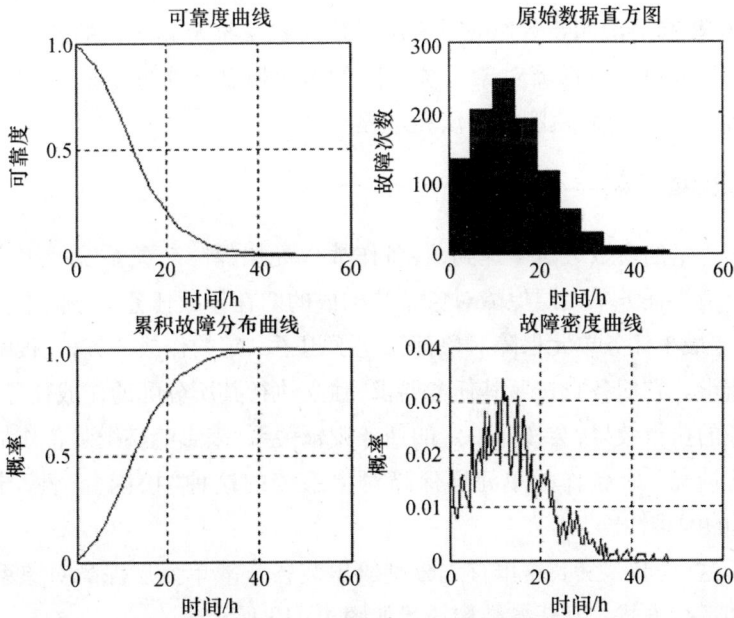

图 4 - 12　导弹营火力射击任务可靠度的仿真曲线

相关的输出数据如表 4-4 所列。

表 4-4　导弹营保障对象系统火力射击任务的输出数据

最小任务单元保障对象的 RM 参数类型	参数值
MTBCF	13.7h

4.3　装备作战单元层保障对象系统 RM 模型的构建

根据保障对象系统的层次结构,在最小任务单元层保障对象系统和装备体系层保障对象系统之间,划分了多层装备作战单元层保障对象系统。对于最底层的装备作战单元层保障对象来说,是由若干个最小任务单元层保障对象构成的;而对于较高层次的装备作战单元层保障对象来说,则是由若干个较低层次的装备作战单元层保障对象构成的。这样,分析装备作战单元层保障对象系统的 RM 建模问题,就至少需要分别从上述的两种情况入手,构建最底层装备作战单元层保障对象系统及其所辖的若干个最小任务单元层保障对象系统之间的 RM 模型;构建较高层次的装备作战单元层保障对象系统及其所辖的若干个较低层次的装备作战单元层保障对象系统之间的 RM 模型。这里主要针对前一种情况,来探讨构建其 RM 模型的方法和过程。

4.3.1　建模分析

在第 3 章的参数分析中提到,装备作战单元层保障对象系统的组成部分是由若干个最小任务单元层保障对象系统构成的。在作战任务层层向下分解的过程中,这些最小任务单元保障对象都独立承担了一定的作战任务,且被赋予不同的任务要求。它们各自按照其任务要求,独立执行其所分配的作战任务。同时,这些任务的执行效果,会按照一定的任务逻辑关系,来影响整个装备作战单元的任务执行情况。装备作战单元层保障对象系统的这种"松耦合"性,导致了其 RM 建模的困难性。

分析这个问题之前,这里首先分别给出装备作战单元层保障对象系统的任务结构和运行方式。其任务结构描述如图 4-13 所示。

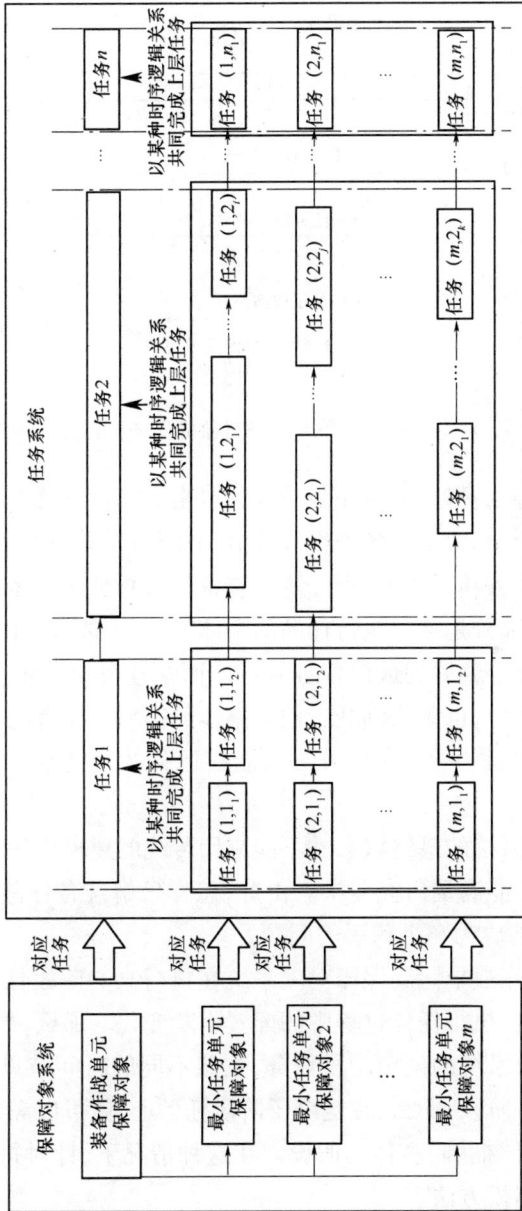

图4-13　装备作战单元层保障对象系统的任务结构

装备作战单元层保障对象系统执行任务的方式如图 4-14 所示。

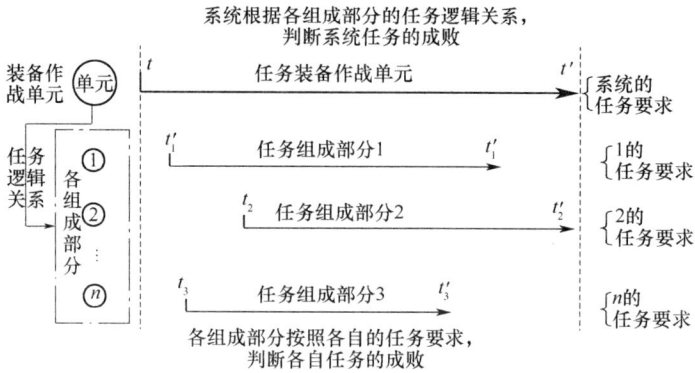

图 4-14　装备作战单元保障对象的任务执行方式示例

由图 4-14 可以看出,装备作战单元的任务构成十分复杂。在装备作战单元执行任务的过程中,即使其各个组成部分的工作/停机状态可以明确判断(其组成部分是最小任务单元的情况),整个装备作战单元的状态也很难区分。这是因为,每个组成部分是独立执行任务的个体,这些个体最终的任务效果按照任务逻辑关系共同决定整体的最终任务效果。而在任务执行过程中间,不论个体发生怎样的停机事件,也无法判断它们对整体的影响。换言之,装备作战单元执行任务的中间过程是一个"黑盒子",只能在任务执行终点才能判断其任务的成败。

显然,只知道系统的最终状态并不能应用传统的建模方法来解决问题,且在大多数情况下也不能满足研究需求。由此,怎样破解装备作战单元层保障对象系统的"黑盒"状态成为一个棘手的问题。

实际上,装备作战单元层保障对象系统在执行某一阶段任务时的"松耦合"性,直接导致了其在执行任务过程中的配置不断变化。那么,如果能够将装备作战单元层保障对象系统的某个阶段任务,按照不同的时间节点和不同的配置划分为若干个子任务阶段,那么,在这个子阶段任务上,就可以满足配置的不变性,进而也就可以进行"捆绑"整体的假设。在这种情况下,针对每个子任务阶段就可以应用传统的建模方法。

实际上,上述过程正是基于 PMS 思想进行的,是 PMS 在保障对象系统高层的实际应用。在第 3 章中提出用任务成功概率参数来描述装备作战单元层保障对象系统的 RM 特性。因此,下面将针对装备作战单元层保障对象的任务成功概率参数,探究其模型构建的方法和过程。

4.3.2　建模方法

对于最小任务单元层保障对象系统来说,可以采取功能组成分析的方法,分析并建立任务可靠性逻辑关系,从而作为 RM 建模的基础;对于装备作战单元层保障对象系统来讲,针对特定的作战任务,虽然也可以进行功能组成的分析,但是所建立的逻辑关系不再是各个组成部分之间的功能逻辑关系,而是上下层任务之间的任务逻辑关系,如图 3 - 6 所示。鉴于此,首先应该对各种任务逻辑关系进行简单的分析。

1. 任务逻辑关系

基本的任务逻辑关系包括以下几种:

(1)串联(与)关系:若任务可分成 n 个子任务,当且仅当所有子任务都成功时,任务才算成功,或只要一个子任务失败,则任务失败,这时 n 个子任务构成串联关系。

(2)并联(或)关系:若任务可分成 n 个子任务,只要有一个子任务成功,则任务成功,当任务失败时,必定是 n 个子任务全部失败,这时称 n 个子任务构成并联关系。

(3)表决关系:若任务可分成 n 个子任务,只要有 k 个或 k 个以上子任务成功,则任务成功,这时 n 个子任务构成表决关系,也称 k/n 关系。

(4)冷储备关系:若任务可分成 $n+1$ 个子任务,其中 1 个子任务执行时,其他子任务不执行,作为冷储备,当了任务失败时,储备的任务逐个去顶替它,直到 $n+1$ 个了任务全部失败,则任务失败。这时 $n+1$ 个子任务构成冷储备关系。

实际上,子任务之间还会存在一定的时序关系,如串行和并行等,由此可以形成若干类时序逻辑关系,如表 4 - 5 所列。

表 4 - 5　任务的时序逻辑关系类型表

逻辑/时序	串行	并行
串联	串行与	并行与
并联		并行或
冷储备	串行旁联	
表决		并行表决

分析清楚子任务之间的时序逻辑关系是进行 RM 参数建模的关键基础

所在。

2. 模型构建方法分析

对于装备作战单元层保障对象系统的某一作战任务来说，其任务要求按照任务规划自上而下分配给所辖的最小任务单元层保障对象系统，这些最小任务单元层保障对象系统通过完成各自所分得的任务要求，来共同完成装备作战单元保障对象系统的作战任务。装备作战单元层保障对象系统的通用任务描述如图 4 – 15 所示。

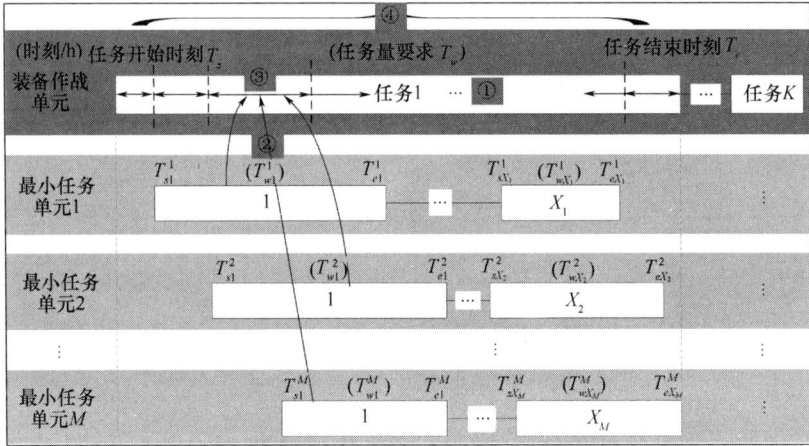

图 4 – 15　装备作战单元层保障对象系统的通用任务描述

装备作战单元层保障对象系统的任务要求包括任务执行时间要求和任务量要求。前者包括对任务开始时间 T_s 和任务结束时间 T_e 的规定；后者则是指任务期间的任务成功判据要求，可以是定性描述，也可以是定量描述，但一般可以转换为关于时间的任务量参数 T_w。由此，装备作战单元层保障对象系统分配给最小任务单元层保障对象系统的任务要求也包括任务执行时间要求 $T_{sX_M}^M$ 和 $T_{eX_M}^M$，以及任务量要求 $T_{wX_M}^M$。其中，M 是最小任务单元保障对象的标识，X_M 是最小任务单元保障对象 M 在其所属的装备作战单元层保障对象某任务下所分配的第 X_M 个任务。

在前面进行建模分析时提到，借助 PMS 理论和方法对装备作战单元层保障对象系统的某个阶段任务进行 RM 建模是个可行的方法。

（1）将装备作战单元层保障对象系统的某个阶段任务，按照一定的划分方法，划分为一系列时间上连续且不相互重叠的子阶段任务，这里称之为装备作战单元级子阶段任务。

（2）每个装备作战单元级子阶段任务在系统配置、任务要求、故障判据及故障行为等方面是不变的，要求取子阶段任务的任务要求。

（3）针对每个装备作战单元级子阶段任务，按照最小任务单元层保障对象系统的建模方法进行 RM 参数模型的构建，就可以获取装备作战单元层保障对象系统针对其每个装备作战单元级子阶段任务的相关 RM 参数的变化情况。

（4）通过对所有装备作战单元级子阶段任务的 RM 参数变化的研究，也就可以从一定程度上掌握整个装备作战单元层保障对象系统在执行某阶段任务过程中的内部变化规律，从而对系统的"黑盒"状态进行了一定程度上的破解。

下面，按照这种思路和方法，对装备作战单元层保障对象系统的任务成功概率 P_{MC}（下面简写为 P）参数进行分析。

4.3.3　建模过程

1. 分解装备作战单元层保障对象系统的"装备作战单元级子阶段任务"

我们知道，对于最小任务单元层保障对象系统的每个阶段作战任务来讲，其任务配置是不变的，因此最小任务单元层保障对象系统在其每个阶段任务下的 RM 参数可以按照传统的方法来获取。按照这种思想，可以将装备作战单元层保障对象系统的某个阶段任务通过一定的方法，分解为若干个时间上连续但不覆盖的装备作战单元级子阶段任务。对于每个装备作战单元级子阶段任务来讲，其任务配置不变。这样，最小任务单元层保障对象系统的 RM 参数建模方法就可以移植到装备作战单元层保障对象系统了。

那么，对于装备作战单元层保障对象系统的某个阶段任务来讲，应该如何划分其装备作战单元级子阶段任务呢？实际上，由于要划分完毕的子阶段任务的任务配置应该是不变的，因此可以以"任务配置不变"为划分的标准和原则。对于图 4 − 15 所示的装备作战单元层保障对象系统的阶段任务 1，其子阶段任务的划分如图 4 − 16 所示。

由图 4 − 16 可见，对于装备作战单元层保障对象系统的某一阶段作战任务来讲，通过对其各最小任务单元保障对象的任务开始时间和任务结束时间的截断，可以划分为若干个子阶段任务，而这些子阶段任务则可以在任务期间满足配置不变的原则。因此，这些子阶段任务就可以看作装备作战单元级子阶段任务。实际上，在分解装备作战单元级子阶段任务的同时，其所辖的各最小任务单元层保障对象系统的阶段任务也同时被分解为若干个子阶段任务，如图 4 − 16 所示，

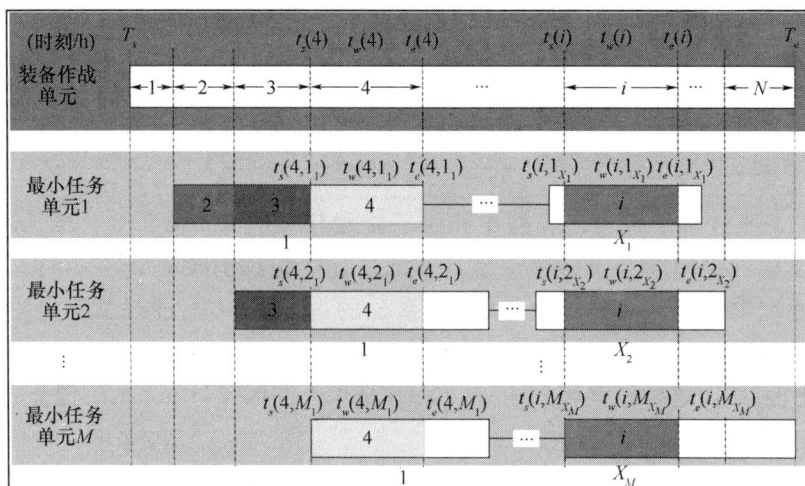

图 4 – 16 装备作战单元层保障对象系统的子阶段任务的划分

可以称为最小任务单元级子阶段任务。这样,对于某个装备作战单元级子阶段任务来讲,通常会下辖若干个最小任务单元级子阶段任务。

2. 分配装备作战单元级子阶段任务的任务要求

将装备作战单元层保障对象系统的某一阶段作战任务分解为若干个装备作战单元级子阶段任务后,则可以分段研究装备作战单元层保障对象系统在这些子阶段任务下的任务成功概率模型。然而,研究某一任务下的 RM 参数模型,首先要明确这个任务的任务要求。装备作战单元层保障对象系统的任务要求是在整个阶段任务下给出的,如何将其分解到每个子阶段任务上,是建立 P 模型的首要问题。

从图 4 – 16 可以看出,各个最小任务单元层保障对象系统也被划分为多个最小任务单元级子阶段任务。如果我们能够求出最小任务单元级子阶段任务的任务要求,那么,相应的装备作战单元级子阶段任务的任务要求,就可以由其所属的最小任务单元级子阶段任务的任务要求综合得到,即

$$t_w(i) = \cup \{t_w(i,1_{X_1}), t_w(i,2_{X_2}), \cdots, t_w(i,M_{X_M})\} \qquad (4-26)$$

式中:$t_w(i)$ 为第 i 个装备作战单元级子阶段任务的任务量要求;$t_w(i,M_{X_M})$ 为第 M 个最小任务单元的第 X_M 个任务对应于第 i 个装备作战单元级子阶段任务的任务量要求。

实际上,式(4-26)虽然准确给出了装备作战单元保障对象系统的子阶段任务 i 的任务量要求,但是由于其是针对不同的最小任务单元提出的,因此并不具有可操作性。鉴于此,这里从可操作的角度,可以采取求平均的方法给定 $t_w(i)$,即

$$t_w(i) = \frac{\sum_{j=1}^{M} t_w(i, j_{X_j})}{M} \qquad (4-27)$$

确定最小任务单元级子阶段任务的任务要求,主要考虑的是其任务量要求的分配问题。这是因为,划分子阶段时是以任务开始时间和结束时间为基准的,因此任务执行时间要求此时已经明确了。实际上,对于任务要求的分配来说,必须要符合一定的规范和方法,才能保证分配的合理性。因此,问题的关键则转换为采取何种方法对上述两个层次的任务要求进行合理分配。

可以用于任务要求分配的方法有多种,如可以采用优化算法,通过反复迭代,以求得任务要求的最佳值;也可以采用等分配法、专家打分法和层次分析法等。在本节中,采取等分配法对最小任务单元级子阶段任务的任务要求进行分配。对于最小任务单元 M 的 X_M 任务对应于子阶段任务 i 所分解的子阶段任务 (i, M_{X_M}),其任务量要求的等分配模型为

$$t_w(i, M_{X_M}) = \frac{t_e(i, M_{X_M}) - t_s(i, M_{X_M})}{T_{eX_M}^{M} - T_{sX_M}^{M}} \cdot T_{wX_M}^{M} \qquad (4-28)$$

图 4-16 标识出了分配完毕的任务要求。事实上,在分解任务要求的同时,装备作战单元级子阶段任务 i 下各最小任务单元保障对象之间的任务逻辑关系也随之被分解,转换为装备作战单元级子阶段任务与各最小任务单元级阶段任务之间的任务逻辑关系。这种分解采取了直接顺承的方法,即

若

$$\text{Mission}(某任务) = f_{某种任务逻辑}\{\text{Mission}_1(各任务), \cdots,$$
$$\text{Mission}_M(各任务)\} \qquad (4-29)$$

则

$$\text{Mission}(最小任务 i) = f_{某种任务逻辑}\{\text{Mission}(i, 1_X), \cdots,$$
$$\text{Mission}(i, M_{X_M})\} \qquad (4-30)$$

式中:Mission(某任务) 为装备作战单元的某个阶段作战任务;Mission$_M$(各任

务)为装备作战单元下辖的第 M 个最小任务单元在 Mission(某任务)下的各个阶段任务;Mission(最小任务 i)为装备作战单元某个阶段作战任务所分解的第 i 个装备作战单元级子阶段任务;Mission(i, M_{X_M}) 为装备作战单元下辖的第 M 个最小任务单元的 X_M 个阶段任务在 Mission(最小任务 i)下所划分的子阶段任务;$f_{某种任务逻辑}$ 为装备作战单元阶段任务与其下辖的最小任务单元各阶段任务的任务逻辑关系。

由此,在某个装备作战单元级子阶段任务下,其系统与单元的可靠性逻辑关系也就可以确定了。实际上,这就是任务逻辑关系的直接演化。即如果任务逻辑关系为串联,则系统与单元之间的逻辑关系也就顺承为串联的可靠性关系。

3. 求解装备作战单元级子阶段任务 i 的任务成功概率 $P_i(t, t_w)$

根据式(4-21),首先需要求出装备作战单元层保障对象系统在这个装备作战单元级子阶段任务下的 $R_i(t)$ 和 $G_i(t)$。

装备作战单元级子阶段任务 Mission(i) 包含若干个最小任务单元级子阶段任务 Mission(i, M_{X_M})。每个最小任务单元在其整个阶段任务 X_M 下的任务可靠度 $R_{M_{X_M}}(t)$ 和任务维修度 $G_{M_{X_M}}(t)$ 是已知的,通过 4.2 节所建的仿真模型即可求得。这样,最小任务单元层保障对象系统 M 在某个装备作战单元级子阶段任务 i 内的任务可靠度 $R_{(i, M_{X_M})}(t)$ 和任务维修度 $G_{(i, M_{X_M})}(t)$ 也就是已知的,即

$$R_{(i, M_{X_M})}(t) = R_{M_{X_M}}(t), \quad G_{(i, M_{X_M})}(t) = G_{M_{X_M}}(t) \tag{4-31}$$

由于每个最小任务单元保障对象在 Mission(i) 内所分解得到的最小任务单元级子阶段任务 Mission(i, M_{X_M}) 的任务要求不同,因此其在完成装备作战单元级子阶段任务 i 时,需要有一个权重系数 γ。这个权重系数的获取需要综合最小任务单元保障对象在 Mission(i, M_{X_M}) 内的任务要求、任务时间等因素。这里给出如下计算方法:

$$\gamma_{(i, M_{X_M})} = \frac{t_w(i, M_{X_M})}{\sum\limits_{M=1}^{n} t_w(i, M_{X_M})} \tag{4-32}$$

式中:n 为参与装备作战单元级子阶段任务的最小任务单元个数。

这样,根据式(4-8)和式(4-9),装备作战单元级子阶段任务 i 下的 $R_i(t)$ 和 $G_i(t)$ 可以表示为

$$\begin{cases} R_i(t) = f_R\Big\{ t_e(i) - t_s(i), t_w(i), \gamma_{(i,j_k)} \times \\ \qquad\qquad R_{(i,j_k)}(t)\Big|_{\substack{j=1\to M \\ k=X_1\to X_M}}, \gamma_{(i,j_k)} \times G_{(i,j_k)}(t)\Big|_{\substack{j=1\to M \\ k=X_1\to X_M}} \Big\} \\ G_i(t) = f_G\Big\{ t_e(i) - t_s(i), t_w(i), \gamma_{(i,j_k)} \times \\ \qquad\qquad R_{(i,j_k)}(t)\Big|_{\substack{j=1\to M \\ k=X_1\to X_M}}, \gamma_{(i,j_k)} \times G_{(i,j_k)}(t)\Big|_{\substack{j=1\to M \\ k=X_1\to X_M}} \Big\} \end{cases} \quad (4-33)$$

式中：f_R 和 f_G 分别表示各最小任务单元层保障对象系统与装备作战单元层保障对象系统之间的 RM 模型关系，在最小任务单元层保障对象系统 RM 建模时已经给出，这里不再赘述，直接应用即可。

至此，在获得 $R_i(t)$ 和 $G_i(t)$ 后，就可以利用式(4-21)，获取装备作战单元级子阶段任务 i 的 $P_i(t,t_w)$，即

$$P(t,t_w) = \sum_{r=0}^{r_{\max}} P\{r\} \times \Big\{ \big\{ 1 - \big[(1 - R_i(t_w)) \big]'_* \big\} \times$$

$$\sum_{j=r}^{\infty} \big\{ 1 - \big[G_i(t - t_w) \big]^j_* \big\} \Big\} \quad (4-34)$$

4. 求解装备作战单元层保障对象系统针对某个阶段任务的 $P(t,t_w)$

在获取装备作战单元层保障对象系统在某个阶段任务下，每个装备作战单元级子阶段任务 i 的任务成功概率 $P_i(t,t_w)$ 后，就可以在此基础上，求取装备作战单元层保障对象系统整个阶段任务的 $P(t,t_w)$。

根据 PMS 思想，对于多阶段任务系统来说，只有每个阶段任务成功完成并且顺利转换到下一个阶段任务，整个任务才能够完成。这样，对于装备作战单元层保障对象系统的某个阶段任务，在获取所划分的每个装备作战单元级子阶段任务的任务成功概率 $P_i(t,t_w)$ 的基础上，则其整个阶段任务的任务成功概率为

$$P(t,t_w) =$$
$$\begin{cases} P_1(t,t_w) & 0 \leqslant t < t_e(1); & 0 \leqslant t_w < t_w(1) \\ P_2(t - t_e(1), t_w - t_w(1)) & t_e(1) \leqslant t < t_e(2); & t_w(1) \leqslant t_w < t_w(2) \\ \quad\vdots & \quad\vdots & \quad\vdots \\ P_i(t - t_e(i-1), t_w - t_w(i-1)) & t_e(i-1) \leqslant t < t_e(i); & t_w(i-1) \leqslant t_w < t_w(i) \\ \quad\vdots & \quad\vdots & \quad\vdots \end{cases}$$

$$(4-35)$$

至此,按照 PMS 方法,建立了装备作战单元层保障对象系统基于某个阶段任务的任务成功概率函数 $P(t,t_w)$。利用这个函数,可以探究装备作战单元层保障对象系统在整个阶段任务上的任务成功概率的内部变化规律。这为进一步进行高层的 RM 建模提供了基础和思路。

4.3.4　示例分析

本节将结合第 2 章联合战役保障对象系统示例,对装备作战单元层保障对象系统的任务成功概率模型 $P(t,t_w)$ 的构建过程进行分析。

1. 示例描述

假设防空旅保障对象的行军任务是由其下属的三个导弹营最小任务单元保障对象的行军任务共同执行完成,如图 4-17 所示。

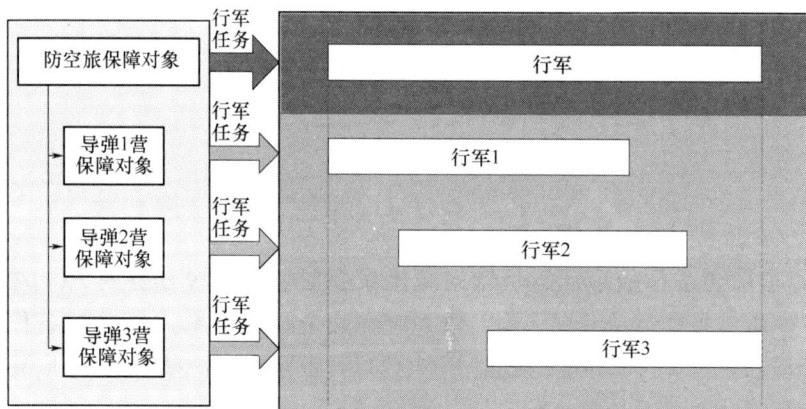

图 4-17　装备作战单元保障对象实例

对应上述实例,结合导弹营最小任务单元保障对象的示例分析结果,给出以下数据和假设:

(1)防空旅及其三个导弹营的行军任务数据,如表 4-6 所列。

表 4-6　防空旅及其三个营的行军任务数据

保障对象	任务开始时间	任务结束时间	任务量要求	速度
导弹 1 营	当日 00:00:00	当日 16:00:00	300km	30km/h
导弹 2 营	当日 04:00:00	当日 20:00:00	300km	30km/h
导弹 3 营	当日 08:00:00	次日 24:00:00	300km	30km/h

（2）防空旅中三个导弹营在行军任务下的 RM 数据,如表 4 − 7 所列。

表 4 − 7　防空旅中三个营在行军任务下的 RM 数据

保障对象	寿命分布	MTBCF	维修时间分布	MTTRF
导弹 1 营	指数分布	518km	指数分布	0.08h
导弹 2 营	指数分布	518km	指数分布	0.08h
导弹 3 营	指数分布	518km	指数分布	0.08h

（3）三个营之间的任务是串联(与)的逻辑关系,即防空旅行军任务的完成,要求三个营的行军任务都要完成。

（4）三个营之间存在独立性,即三个营独立执行任务,互相之间没有约束和影响。

2. 基于 PMS 的防空旅行军任务的装备作战单元级子阶段任务划分

按照 PMS 方法,将防空旅保障对象系统的行军任务按照不同的配置进行装备作战单元级子阶段任务的划分。防空旅保障对象系统的行军任务可以划分为 5 个装备作战单元级子阶段任务,如图 4 − 18 所示。

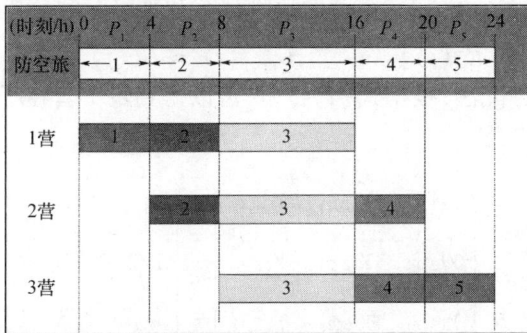

图 4 − 18　防空旅行军任务的 PMS 分解

3. 分配装备作战单元级子阶段任务的任务要求

本例中采取等分配法进行任务要求的分配。首先对各个营保障对象系统进行最小任务单元级子阶段任务的任务要求的划分,所分解的任务要求为

$$t_{w(i,j)} = \begin{pmatrix} t_{w(1,1)} & t_{w(1,2)} & t_{w(1,3)} \\ t_{w(2,1)} & t_{w(2,2)} & t_{w(2,3)} \\ t_{w(3,1)} & t_{w(3,2)} & t_{w(3,3)} \\ t_{w(4,1)} & t_{w(4,2)} & t_{w(4,3)} \\ t_{w(5,1)} & t_{w(5,2)} & t_{w(5,3)} \end{pmatrix} = \begin{pmatrix} 5/2 & & \\ 5/2 & 5/2 & \\ 5 & 5 & 5 \\ & 5/2 & 5/2 \\ & & 5/2 \end{pmatrix}_h$$

按装备作战单元级子阶段任务的功能组成,可以综合得到防空旅保障对象系统在每个装备作战单元级子阶段任务(以下简称防空旅子阶段任务)内的任务要求,即

$$t_{w(i)} = \bigcup_{j=1}^{3} t_{w(i,j)}$$

例如,对防空旅子阶段任务 3 来说,其任务要求为:1 营在 8h 内行军 150km;2 营在 8h 内行军 150km;3 营在 8h 内行军 150km。根据式(4 - 27),可以得到每个防空旅级子阶段任务的可操作的任务要求,即 $t_{w(i)} = \{2.5, 2.5, 5, 2.5, 2.5\}$。

在防空旅的每个子阶段任务中,其系统与单元之间的可靠性关系可以顺承任务之间的关系。每个子阶段任务下,系统与单元之间是串联的可靠性关系。

4. 求解装备作战单元级子阶段任务 i 的任务成功概率 $P_i(t, t_w)$

对于防空旅按照 PMS 方法划分的 5 个子阶段任务,分别计算其任务成功概率 P_i。

对于子阶段任务 i,已知三个营的故障分布和维修时间分布,即

$$R_{(i,j)}(t) = R_m(t) = e^{-t/518}, G_{(i,j)}(t) = G_m(t) = 1 - e^{-t/0.08}$$

首先,利用等分配法,根据式(4 - 32),可以得到每个营在子阶段任务 i 下的权重系数,即

$$\boldsymbol{\gamma}_{(i,j)} = \begin{pmatrix} \gamma_{(1,1)} & \gamma_{(1,2)} & \gamma_{(1,3)} \\ \gamma_{(2,1)} & \gamma_{(2,2)} & \gamma_{(2,3)} \\ \gamma_{(3,1)} & \gamma_{(3,2)} & \gamma_{(3,3)} \\ \gamma_{(4,1)} & \gamma_{(4,2)} & \gamma_{(4,3)} \\ \gamma_{(5,1)} & \gamma_{(5,2)} & \gamma_{(5,3)} \end{pmatrix} = \begin{pmatrix} 1 & & \\ 1/2 & 1/2 & \\ 1/3 & 1/3 & 1/3 \\ & 1/2 & 1/2 \\ & & 1 \end{pmatrix}$$

然后,根据式(4 - 8)和式(4 - 9),利用仿真方法可以求解防空旅在子阶段任务 i 下的 $R_i(t)$ 和 $G_i(t)$,即

$$R_1(t) = e^{-t/518}, G_1(t) = 1 - e^{-t/0.08}$$
$$R_2(t) = e^{-t/259}, G_1(t) = 1 - e^{-t/0.08}$$
$$R_2(t) = e^{-t/173}, G_1(t) = 1 - e^{-t/0.08}$$
$$R_2(t) = e^{-t/259}, G_1(t) = 1 - e^{-t/0.08}$$

$$R_1(t) = e^{-t/518}, G_1(t) = 1 - e^{-t/0.08}$$

最后,根据式(4-21),可以求解防空旅在子阶段任务 i 下的 $P_i(t, t_w)$,如下

$$P_i(t, t_w) = \sum_{r=0}^{r_{max}} P\{r\} \times \left\{ \left[\sum_{k=0}^{r-1} \frac{(\lambda_i t_w)^k}{k!} \times e^{-\lambda_i t_w} \right] \times \right.$$

$$\left. \sum_{j=r}^{\infty} \left[\sum_{l=0}^{j-1} \frac{[\mu_i(t - t_w)]^l}{l!} \times e^{-\mu_i(t - t_w)} \right] \right\}$$

5. 求解防空旅行军任务的任务成功概率 $P(t, t_w)$

在求解出每个 $P_i(t, t_w)$ 的情况下,根据式(4-35),可以得到防空旅在整个行军任务过程中的任务成功概率的函数。这里不再赘述,直接给出整个防空旅行军任务的任务成功概率 $P(t, t_w)$ 在 t_w 固定的情况下,随 t 的变化曲线,如图 4-19 所示。

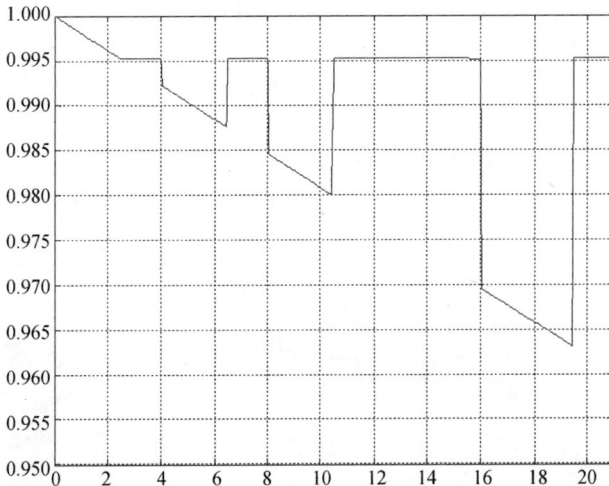

图 4-19　防空旅保障对象系统行军任务的任务成功概率曲线图

在防空旅每个子阶段任务的结点,代入 t 和 t_w 的值,可以计算出每个子阶段任务的任务成功概率,即

$$P_i = \{P_1, P_2, P_3, P_4, P_5\} = \{0.9952, 0.9904, 0.9715, 0.9904, 0.9952\}$$

防空旅行军任务阶段的整体任务成功概率为

$$P = \prod_{i=1}^{5} P_i = 0.9438$$

4.4　本章小结

本章首先对装备层及装备基本作战单元层保障对象系统现有的 RM 模型进行分析与总结,在这个基础上,分别针对最小任务单元层保障对象系统和装备作战单元层保障对象系统,通过对建模特点、建模方法和建模过程的分析,最终构建了其 RM 参数模型。最后,分别针对示例进行了分析和验证。

第5章 装备作战单元保障对象系统维修任务量模型构建

5.1 维修任务模型的定义及通用描述方法

5.1.1 维修任务模型的定义

1. 维修任务的定义及分类

在国军标的有关文件中,没有明确给出维修任务的定义,但是对于相关的术语进行了定义和说明,包括维修事件、维修活动、基本维修作业等。通过分析可知,维修活动、维修工作和维修作业含义类似,均表示了维修事件和基本维修作业之间的一个维修相关术语。本书根据需要,采用"维修任务"来统一表示这一概念,维修任务(Maintenance Task)是指为使装备保持或恢复到规定状态所必须进行的全部维修活动[146]。

保障对象系统在遂行任务过程中,由于本身的可靠性水平等因素,会发生自然故障,由此产生自然故障维修任务;同时,由于战场上敌方武器装备的打击,会发生战斗损伤,由此产生战损维修任务;另外,在遂行作战任务之前或间歇中,需要对武器装备进行一系列的预防性维修工作,以期达到规定的战备完好性水平,由此会产生一些预防性维修任务。除此之外,由于外界偶然因素,如误操作或人为差错等,也会产生一些偶然故障维修任务。对于自然故障维修任务来说,根据保障对象系统在任务期间是否处于工作状态,可以再细分为工作状态的自然故障维修任务以及不工作状态的自然故障维修任务。综上所述,保障对象系统维修任务的分类如图 5-1 所示。

在实际的作战过程中,预防性维修工作一般只是在执行任务之前或任务间歇进行,而在任务执行过程中则很少或不予考虑;另外,对于任务期间不工作的装备来说,一般假设其不发生故障;再者,外界的偶然因素一般是不可预知的,其规律很难把握。因此,鉴于以上分析,在本书的研究中,只针对工作状态的自然故障维修任务(以下直接称为自然故障维修任务)和战损维修任务进行相关研究,对于其他几种则不再考虑。

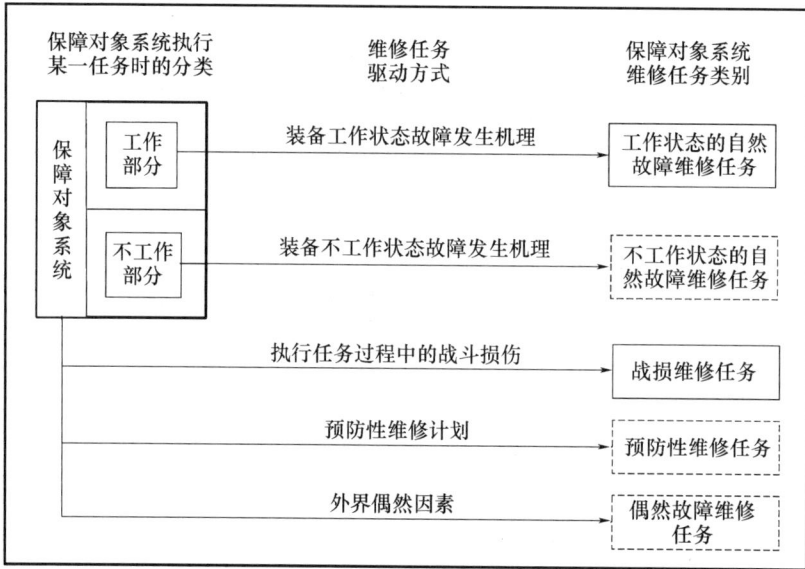

图 5 - 1　保障对象系统的维修任务分类

2. 维修任务模型的定义

维修任务模型反映的是保障对象系统全部维修任务的集合,是对与保障对象系统全部维修任务相关的信息做出的具体描述。事实上,维修任务是对保障系统最直接的输入,从而牵动了保障系统的维修保障活动。研究维修任务的保障问题,则需要明确每个维修任务的维修类型、维修级别、维修方式、维修时机、维修时间和维修保障资源等。从这个角度出发,维修任务模型至少应对以上几个方面进行详细的描述,如表 5 - 1 所列。

表 5 - 1　维修任务模型的基本描述参数

描述参数	描述内容
维修类型	对维修任务实施维修的类型,一般按照维修目的和时机可以分为预防性维修、修复性维修、应急性维修和改进性维修 4 种类型
维修级别	实施维修所在的级别:在平时,一般实行三级维修体制,即基层级、中继级和基地级;在战时,根据具体的保障系统设置,而划分不同的级别
维修方式	实施维修的方式,如原件维修、换件维修等
维修时机	实施维修的时机:对于自然故障或战损来说,是故障发生的随机时间;对于预防性维修来说,是维修计划规定的维修间隔期

（续）

描述参数	描述内容
维修时间	实施维修所需要的时间：可以综合维修人员，用维修工时来表述
维修资源	实施维修所需要消耗或占用的维修资源一般包括八大类，如维修人员、保障设备和备品备件等。维修资源描述要标明维修资源的种类和数量，如人员的等级和数量、备件的名称/件号和数量等

　　针对不同的研究目的，维修任务模型可以进一步分为定性模型（如维修任务全集模型）、定量模型（维修任务概率全集模型、维修任务概率子集模型、维修任务量模型）等。另外，根据维修任务的分类，也可以分为自然故障维修任务模型和战损维修任务模型等。

5.1.2　自然故障维修任务模型通用描述方法

1. 自然故障维修任务的获取

　　自然故障维修任务是为了将出现自然故障的装备恢复到规定状态所进行的维修活动。一般可以从装备的故障模式影响与危害度分析（FMECA）入手，参考部队装备的实际维修保障经验数据，经由修理级别分析（LORA）和维修工作分析（MTA）等综合获得，如图 5 - 2 所示。

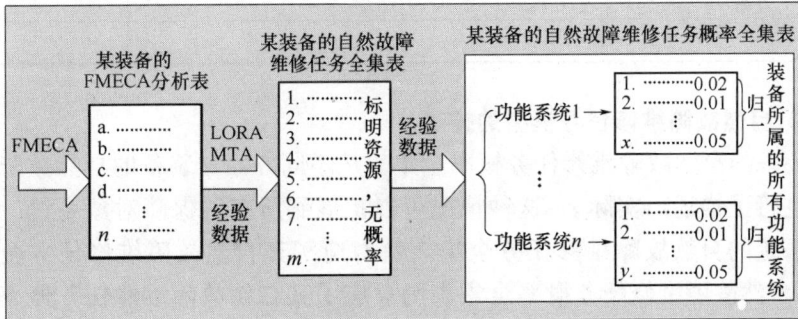

图 5 - 2　自然故障维修任务的获取途径

　　装备的 FMECA 确定了需要维修的故障项目及其故障模式、故障原因等，LORA 则确定了这些故障项目实施维修的级别，而 MTA 分析则进一步确定了为完成维修所需的具体作业及维修资源和要求。在这个过程中，可以参考装备实际的维修保障经验数据。由此，所获取的装备自然故障维修任务全集表，如表 5 - 2 所列。

表 5 - 2　自然故障维修任务全集表

自然故障维修任务编号	自然故障维修任务名称	所涉及的故障单元	所属功能系统	所属装备	维修类型	维修级别	维修方式	维修时间	维修资源

　　装备的自然故障维修任务全集表只是在定性的角度对装备进行维修任务条目的罗列。事实上,对于装备的某个功能系统来说,其所有的自然故障维修任务发生概率总和为 1。也就是说,功能系统一旦故障,则这个功能系统所有的自然故障维修任务按照一定的发生概率随机抽样,可以唯一确定一条维修任务。装备基于功能系统的概率归一性是考虑了各功能系统可靠性水平差异的结果。每个功能系统的 MTBF 等指标不一样,显然是不能直接按照装备归一的。

　　因此,基于上述原因,在装备自然故障维修任务全集表的基础上,以装备的每个功能系统为归一点,确定每个功能系统每条自然故障维修任务的发生概率。这些概率的确定需要以大量的部队实际经验数据为基础,由此所获取的装备自然故障维修任务概率全集表,如表 5 - 3 所列。

表 5 - 3　自然故障维修任务概率全集表

自然故障维修任务编号	自然故障维修任务名称	所涉及的故障单元	所属功能系统	所属装备	维修类型	维修级别	维修方式	维修时间	维修资源	概率

2. 自然故障维修任务模型的描述

　　装备的自然故障维修任务概率全集表从不同方面对装备的自然故障维修任务进行了描述。实际上,这种情况可以扩展到所有的保障对象系统。保障对象系统的自然故障维修任务全集表就对应了其自然故障维修任务全集模型,而自然故障维修任务概率全集表则对应了其自然故障维修任务概率全集模型。

　　记保障对象系统的自然故障维修任务全集模型为 $\widetilde{MF}$,则

$$\widetilde{MF} = \{ \widetilde{MF^1}, \widetilde{MF^2}, \cdots, \widetilde{MF^i}, \cdots, \widetilde{MF^N} \}$$

其中,每条自然故障维修任务为

$$\widetilde{MF^i} = \langle id, name, unit, func, eqip, type, level, mod, time, res \rangle$$

式中:id 为自然故障维修任务编号;name 为自然故障维修任务名称;unit 为自然

故障维修任务所涉及的故障单元;func 为自然故障维修任务的故障单元所属的功能系统;eqip 为故障单元所属的装备;type 为实施自然故障维修任务的维修类型;level 为实施自然故障维修任务所在的维修级别;mod 为实施自然故障维修任务的维修方式;time 为实施自然故障维修任务的所需时间;res 为实施自然故障维修任务所需要的各种资源的种类和数量。

记保障对象系统的自然故障维修任务概率全集模型为 MF,则

$$MF = \{MF^1, MF^2, \cdots, MF^i, \cdots, MF^N\}$$

其中,每条自然故障维修任务为

$$MF^i = \langle id, name, unit, func, eqip, type, level, mod, time, res, pro \rangle$$

式中:pro 为本条自然故障维修任务在其所属的功能系统维修任务列表中所占的比例。

5.1.3　战损维修任务模型通用描述方法

1. 战损维修任务的获取

战损维修任务是为了排除装备在战场上由于敌方武器装备打击造成的战斗损伤而进行的维修活动。一般可以从装备的损坏模式及影响分析(DMEA)入手,参考部队装备的实际维修保障经验数据,经由修理级别分析(LORA)和维修工作分析(MTA)等来综合获得,如图 5-3 所示。

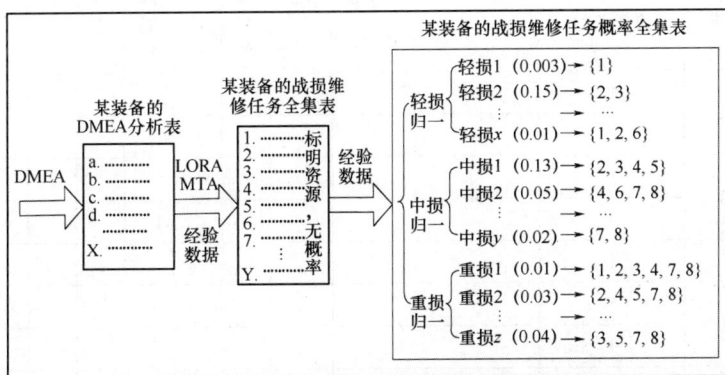

图 5-3　战损维修任务的获取途径

装备的 DMEA 确定了需要维修的战损项目及其损伤模式等,LORA 则确定了这些损伤项目实施维修的级别,而 MTA 分析则进一步确定了为完成损伤修复所需的维修资源和要求。在这个过程中,可以参考装备实际经验数据。由此,所获取的装备的战损维修任务全集表,如表 5-4 所列。

表 5 - 4　战损维修任务全集表

战损子维修任务编号	战损子维修任务名称	所涉及的损伤单元	所属功能系统	所属装备	维修类型	维修级别	维修方式	维修时间	维修资源

　　装备的战损维修任务全集表罗列了装备所有的战损维修任务条目,我们称其中的一条为战损子维修任务。在实际的作战或训练中,在装备遭受战损后对其进行整体评估,根据装备所遭受战损部件的多少及其重要程度,判断此次任务中装备的轻中重损伤程度。也就是说,装备的一次损伤可能涉及到若干个战损子维修任务,我们将其组合称为一条战损维修任务。

　　这样,以每个装备为研究对象,确定其所有战损子维修任务可能的组合方式,并判断这些组合的损伤程度,从而形成一系列归属不同损伤程度的战损维修任务。同时,针对每种损伤程度下的所有战损维修任务,确定其基于这种损伤程度的归一概率。

　　实际上,这些组合的确定和概率的确定,需要以大量的部队实际经验数据为基础。装备的战损维修任务概率全集表,如表 5 - 5 所列。

表 5 - 5　战损维修任务概率全集表示例

损伤程度	战损维修任务编号	所包含的战损子维修任务编号	所包含的战损子维修任务名称	所涉及的损伤单元	所属功能系统	所属装备	维修类型	维修级别	维修方式	维修时间	维修资源	概率
轻损	A	1										0.6
		2										
	B	1										0.3
		3										
	C	4										0.1
中损	I	5										1
		9										
重损	a	2,3,5,6,7										0.8
	b	1,3,4,8,9										0.2

2. 战损维修任务模型的描述

　　装备的战损维修任务概率全集表从不同方面对装备的战损维修任务进行了描述。与自然故障类似,这种情况也可以扩展到所有的保障对象系统。保障对象系统的战损维修任务全集表就对应了其战损维修任务全集模型,而战损维修任务概率全集表则对应了其战损维修任务的概率全集模型。战损维修任务的描述要从战损子维修任务的模型描述和战损维修任务的模型描述两个方面进行。

记保障对象系统的战损维修任务全集模型为 $M\widetilde{D}$,则

$$M\widetilde{D} = \{M\widetilde{DZ}^1, M\widetilde{DZ}^2, \cdots, M\widetilde{DZ}^i, \cdots, M\widetilde{DZ}^M\}$$

其中,$M\widetilde{DZ}^i$ 是每条战损子维修任务,其描述如下:

$$M\widetilde{DZ}^i = \langle id, name, unit, func, eqip, type, level, mod, time, res \rangle$$

实际上,战损子维修任务的描述元素与自然故障是相同的,这里不再赘述。

又记保障对象系统的战损维修任务概率全集模型为 MD,则

$$MD = \{MD^1, MD^2, \cdots, MD^i, \cdots, MD^K\}$$

式中:MD^i 是每条战损维修任务,其描述如下:

$$MD^i = \{MDZ^1, MDZ^2, \cdots, MDZ^i, \cdots, pro\}$$

式中:$MDZ^i = M\widetilde{DZ}^i$;pro 为本条战损维修任务在其所属的损伤程度列表中所占的比例。

5.1.4　维修任务中的资源模型通用描述方法

无论是自然故障维修任务还是战损维修任务,均要标明实施维修所需的维修保障资源情况,如其种类和数量。一般来讲,保障资源包括八大类:保障设备,备品备件,人员数量、专业与技术等级,保障设施,技术资料,训练与训练保障,计算机资源保障,包装、装卸、储存和运输。在本书只对前三种进行详细分析与讨论,并给出其资源描述模型,分别如表 5-6~表 5-8 所列。

表 5-6　人员数量、专业与技术等级的描述模型

描述参数	描述内容
人员类别编号	人员类别的统一编号,一般来说,人员专业加技术等级共同决定一个人员类别
人员类别名称	人员类别的名称,如电子专业的高级工程师等
人员类别所属专业	某类人员所属的专业。对于不同的武器装备,人员专业的划分也不同,如底盘专业、电子专业等
人员类别所属的技术等级	某类人员所属的技术等级。技术等级一般可以分为如下几种:助理工程师、工程师、高级工程师;初级修理工、中级修理工、高级修理工
工时费用	对于某类人员,每人每小时工作的费用

表 5 – 7　保障设备的描述模型

描述参数	描述内容
保障设备类别编号	保障设备类别的代号
保障设备类别名称/型号	保障设备类别的名称和型号
重量	对于某类保障设备,单位设备的重量
体积	对于某类保障设备,单位设备的体积
工时费用	对于某类保障设备,单位设备的每工时的费用
购置费用	对于某类保障设备,单位设备的购置费用

表 5 – 8　备品备件的描述模型

描述参数	描述内容
备件类别编号	备品备件类别的代号
备件类别名称/型号	备品备件类别的名称和型号
重量	对于某类备品备件,单位备件的重量
体积	对于某类备品备件,单位备件的体积
购置费用	对于某类备品备件,单位备件的购置费用
备件消耗性	某类备件是否具有消耗性。从这个角度,备件大致分为两类:消耗性备件和周转性备件

5.2　装备作战单元保障对象系统维修任务模型构建层次分析

对装备作战单元保障对象系统来说,其维修任务模型的研究应该至少在两个层次上展开,即装备作战单元层和最小任务单元层,如图 5 – 4 所示。

按照保障系统的层次划分,保障系统的维修活动最终要落实到具体的维修任务上,在维修任务按照保障系统的层次从上到下的过程中,是越向下越清晰的。例如,在最小任务单元的层次上,其所有的维修任务是透明的,且可以明确确定保障的层次;而在装备作战单元的层次上,则屏蔽了可以在最小任务单元所对应的保障层次上进行保障的维修任务。这种维修任务的不完备或不明确性,会对保障系统的层次配置造成困难。因此,将维修任务的相关工作深入到最小任务单元层是必要的。

在实际的使用过程中,单一装备是产生维修任务的根源。在保障对象系统各层次中,最小任务单元层是与单一装备直接相关的,因此通过单装的维修任务,来构建最小任务单元层保障对象系统的维修任务是最直接的。同时,由于最小任务

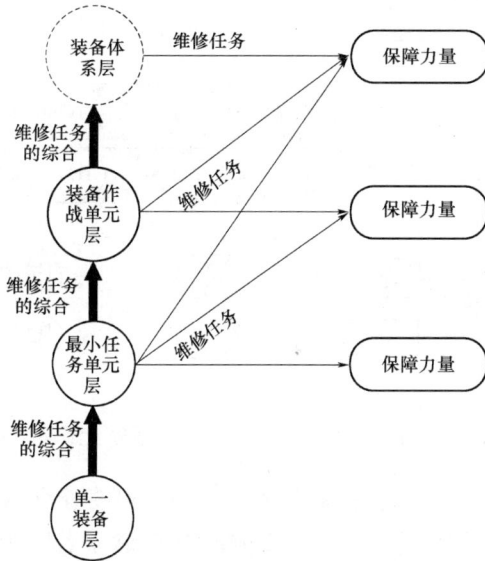

图 5-4　装备作战单元保障对象系统维修任务模型构建层次

单元的"整体抱团"运行特征,由单装的维修任务构建最小任务单元的维修任务也是可行的。

但是,这种情况在装备作战单元层就不再一样了。由于装备作战单元层的"松耦合"性,由最小任务单元层的维修任务构建装备作战单元层的维修任务,不能再用传统的方法。实际上,即使可以一定的方法来求解装备作战单元的维修任务,其最终的工作起点还是落在了最小任务单元上(在实际作战中,最小任务单元是最底层执行任务的主体,因此一般不再分到装备)。

从以上的分析可知,对最小任务单元层保障对象系统的维修任务进行研究是十分必要的,上层的工作则可以在本层的基础上展开。因此,本章主要针对最小任务单元层保障对象系统,探讨构建其维修任务或维修任务量模型的相关技术方法。

5.3　最小任务单元层保障对象系统维修任务全集模型构建方法

从维修任务的来源分析可知,自然故障或战损维修任务的引出都是以单一装备为基础的。维修任务的全集模型虽然可以扩展到各个保障对象系统层次,但是需要一定的方法来支撑,本节即针对此问题进行研究。

最小任务单元层保障对象系统的维修任务全集反映了其全部维修任务的各种相应描述参数值。其构建过程如图 5-5 所示。

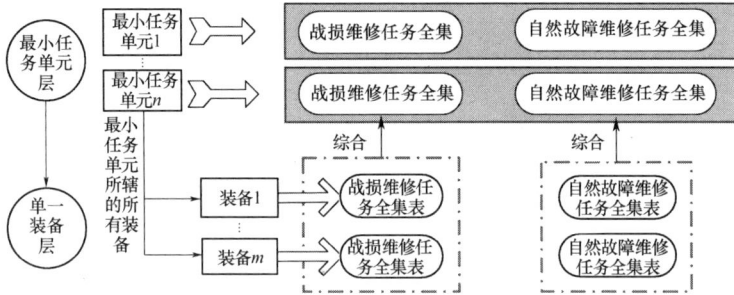

图 5-5　最小任务单元层保障对象系统维修任务全集模型的构建过程

在构建最小任务单元层保障对象系统的维修任务全集时,需要遵循同类装备合并的原则。因为最小任务单元层保障对象包含了若干个同类装备,而同类装备的维修任务全集则是相同的。因此,最小任务单元层保障对象系统的维修任务全集并不是其所有装备的维修任务全集的简单叠加,而是应该摒弃重复装备的维修任务。

记某最小任务单元层保障对象为 U,其所辖的单一装备分别为 $E_1, E_2, \cdots,$ E_N,每个装备 E_i 的自然故障维修任务全集为 $\mathrm{M}\widetilde{\mathrm{F}}_{E_i}$,战损维修任务全集为 $\mathrm{M}\widetilde{\mathrm{D}}_{E_i}$,则 U 的维修任务全集可以表示为

$$\mathrm{M}\widetilde{\mathrm{F}}_U = \bigcup_{i=1}^{N} \mathrm{M}\widetilde{\mathrm{F}}_{E_i}, \quad \mathrm{M}\widetilde{\mathrm{D}}_U = \bigcup_{i=1}^{N} \mathrm{M}\widetilde{\mathrm{D}}_{E_i} \qquad (5-1)$$

式(5-1)所表示的含义是,在构建最小任务单元层保障对象系统的维修任务全集模型时,要对同类装备进行合并,只对不同类别装备的维修任务进行综合和叠加。这种综合和叠加是可行的,这是因为维修任务全集没有概率约束,只是定性的描述,而不涉及到量的问题。

事实上,从保障对象系统的 RM 参数出发,最小任务单元层保障对象系统的自然故障维修任务全集是与其基本可靠性参数密切相关的。最小任务单元层保障对象系统的基本可靠性反映了其对保障系统的要求,保障系统必须要保证最小任务单元层保障对象在规定条件下的无故障任务持续能力。从另外一个角度来讲,保障系统需要对最小任务单元层保障对象系统的所有自然故障维修任务进行保障,才能保持其基本可靠性要求。因此可以说,最小任务单元层保障对象系统的自然故障维修任务全集与其基本可靠性一一对应。

5.4　最小任务单元层保障对象系统维修任务量模型构建方法

在实际的作战或训练中,不同的作战任务阶段,由于任务的强度和难度不同,保障对象系统发生自然故障的总量以及遭受战损的程度不同,要求保障系统完成的自然故障维修任务或战损维修任务的总量也不同,这会对保障系统的配置和运行产生直接影响。本节主要从自然故障和战损两个方面来构建最小任务单元层保障对象系统的维修任务量模型。

5.4.1　自然故障维修任务量模型构建过程

最小任务单元层保障对象系统的自然故障维修任务量模型是基于具体作战任务阶段的。在不同的作战任务阶段,最小任务单元层保障对象系统的配置不同,所呈现的 RM 质量水平也不同,进而发生自然故障的种类和频度也不尽相同,这就直接造成了自然故障维修任务量的差异。确定最小任务单元层保障对象系统的自然故障维修任务量,需要借助一定的模型和方法,这个模型称为最小任务单元层保障对象系统自然故障维修任务量模型。

构建最小任务单元层保障对象系统自然故障维修任务量模型需要从两个方面入手:首先构建基于单一阶段任务的最小任务单元层保障对象系统自然故障维修任务的概率子集(以下简称子集)模型;在此基础上,通过确定此阶段任务期间的自然故障总量,最终构建最小任务单元层保障对象系统自然故障维修任务量模型。其过程如图 5-6 所示。

实际上,最小任务单元层保障对象系统在特定阶段任务下的自然故障维修任务量,是与阶段任务期间的维修策略紧密相关的。维修策略不同,会导致最小任务单元保障对象的 RM 水平不同,进而造成其自然故障维修任务的种类和频度也不同。因此,构建自然故障维修任务量模型,必须要考虑任务期间的维修策略。在本书第 4 章中,构建最小任务单元层保障对象模型时,同样考虑了维修策略的问题。为了保持文章的连贯性和封闭性,在本章仍旧采用前述的维修策略,也即采用"即坏即修"的维修策略。

在这种维修策略下,只有考察最小任务单元层保障对象系统在特定任务下的全串联模型,才能保证所获取的自然故障维修任务量的完备性。事实上,这就涉及到了最小任务单元层保障对象系统在特定阶段任务下的基本可靠性问题。在本文后续的维修任务量模型构建时,就考虑了阶段任务期间的基本可靠性。

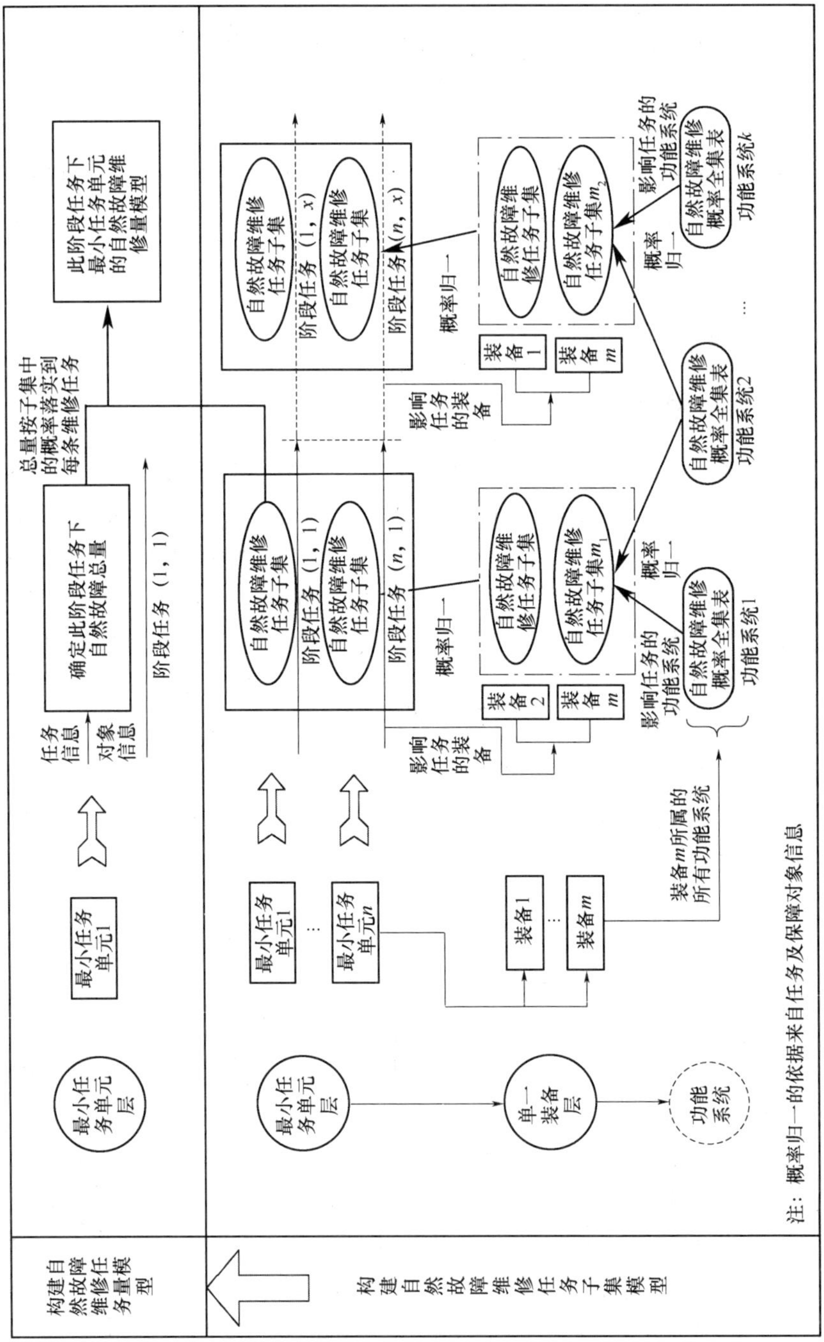

图5-6 最小任务单元层保障对象系统自然故障维修任务量模型的构建过程

为了表述方便,仍将其记做 MTBCF。

5.4.1.1　构建最小任务单元层保障对象系统的自然故障维修任务子集

最小任务单元层保障对象系统的自然故障维修任务子集是基于具体作战任务阶段的,它以单装的自然故障维修任务概率全集为基础,以作战任务信息和保障对象系统在特定任务下的功能组成及 RM 质量参数为依据,通过逐层向上进行概率归一综合而获取。其具体构建过程如下:

1. 已知条件及符号约定

记某最小任务单元层保障对象为 U,记 U 的某个作战任务阶段为 T。在 U 的任务阶段 T 中,设参与任务的装备分别为 $E_1, E_2, \cdots, E_n$,而每个装备 E_i 参与任务的功能系统分别为 $F_{i1}, F_{i2}, \cdots, F_{im}$。

在 T 中,已知其任务时间要求为 T_o,其任务量要求为 T_w。

在 T 中,已知 U 的任务可靠度为 $R_{U(T)}(t)$,任务可靠性指标为 $\text{MTBCF}_{U(T)}$,任务维修度为 $G_{U(T)}(t)$,任务维修性指标为 $\text{MTTRF}_{U(T)}$。

每个装备 E_i 的任务可靠度为 $R_{E_i(T)}(t)$,任务可靠性指标为 $\text{MTBCF}_{E_i(T)}$,任务维修度为 $G_{E_i(T)}(t)$,任务维修性指标为 $\text{MTTRF}_{E_i(T)}$。

每个功能系统 F_{ij} 的可靠度为 $R_{F_{ij}}(t)$,基本可靠性指标为 $\text{MTBF}_{F_{ij}}$,维修度为 $G_{F_{ij}}(t)$,基本维修性指标为 $\text{MTTR}_{F_{ij}}$。

另外,设每个功能系统 F_{ij} 的自然故障维修任务概率全集为 $\text{MF}_{F_{ij}}$,其中每条维修任务 $MF_{F_{ij}}^x = \langle \text{id}, \text{name}, \text{unit}, \text{func}, \text{eqip}, \text{type}, \text{level}, \text{mod}, \text{time}, \text{res}, \text{pro} \rangle$。

2. 构建基于阶段任务 T 的装备 E_i 的自然故障维修任务子集 $\text{MF}_{E_i(T)}$

对于某个装备 E_i 来讲,其自然故障维修任务全集 $\text{M}\widetilde{\text{F}}_{E_i}$ 是其所有功能系统的自然故障维修任务全集的集合,对应的是装备 E_i 的基本可靠性指标 MTBF_{E_i}。但是,在任务条件下,由于装备 E_i 中参与任务的功能系统是其所有功能系统的一个子集,因此这个功能系统子集的自然故障维修任务的集合不再是装备 E_i 的自然故障维修任务全集 $\text{M}\widetilde{\text{F}}_{E_i}$,而是其自然故障维修任务某个子集,这里记为 $\text{MF}_{E_i(T)}$,它对应的是装备 E_i 的某个任务可靠性指标 $\text{MTBCF}_{E_i(T)}$。

实际上,每个装备 E_i 的 $\text{MF}_{E_i(T)}$ 不仅仅是其参与任务的功能系统的所有自然故障维修任务的简单集合,还要确定其中每条维修任务的概率 pro。这就要求要明确每个功能系统 F_{ij} 的故障分摊概率 $P_{F_{ij}}$。也就是说,装备发生一次自然故障,

以 $P_{F_{ij}}$ 的可能是由功能系统 F_{ij} 的故障所引起的。可见,这些功能系统的故障分摊概率是归一的。

在任务阶段 T 下,装备 E_i 中每个功能系统 F_{ij} 的故障分摊概率 $P_{F_{ij}}$ 表征的是功能系统 F_{ij} 以多大的可能性引起装备 E_i 的故障。获取这个概率的方法有多种,如通过专家评估直接评估每个功能系统的分摊概率、利用仿真方法通过所统计的故障数据进行统计计算、直接根据任务参数和可靠性参数进行估算、通过 $(0,t]$ 的平均故障次数 $N_{(0 \to t)}$ 进行估算等。下面,给出用估算方法来获取 $P_{F_{ij}}$ 的过程。

1)估算 A

已知任务阶段 T 的任务时间要求为 T_o,功能系统 F_{ij} 的基本可靠性指标为 $\mathrm{MTBF}_{F_{ij}}$,基本维修性指标为 $\mathrm{MTTR}_{F_{ij}}$。F_{ij} 在任务时间内可能发生的故障次数 $C_{F_{ij}}$ 可以估算如下:

$$C_{F_{ij}} = \frac{T_o}{\mathrm{MTBF}_{F_{ij}} \times r_{F_{ij}} + \mathrm{MTTR}_{F_{ij}}} \tag{5-2}$$

式中:$r_{F_{ij}}$ 为功能系统 F_{ij} 的广义工作时间到日历工作时间的转换因子。功能系统的工作时间度量单位并不一定都用日历时间,有的可以用里程,有的可以用发数。但是,由于 T_o 是日历时间,因此,需要对 $\mathrm{MTBF}_{F_{ij}}$ 进行一定的转换。

这样,对所有功能系统估算故障次数并进行累加,则可以估算出功能系统 F_{ij} 的比例为 $R_{F_{ij}}$。而这个比例可以近似为概率 $P_{F_{ij}}$,因此可以得到

$$\begin{aligned} P_{F_{ij}} = R_{F_{ij}} &= \frac{C_{F_{ij}}}{\sum_{j=1}^{m} C_{F_{ij}}} = \frac{\dfrac{T_o}{\mathrm{MTBF}_{F_{ij}} \times r_{F_{ij}} + \mathrm{MTTR}_{F_{ij}}}}{\sum_{j=1}^{m} \dfrac{T_o}{\mathrm{MTBF}_{F_{ij}} \times r_{F_{ij}} + \mathrm{MTTR}_{F_{ij}}}} \\ &= \frac{\dfrac{1}{\mathrm{MTBF}_{F_{ij}} \times r_{F_{ij}} + \mathrm{MTTR}_{F_{ij}}}}{\sum_{j=1}^{m} \dfrac{1}{\mathrm{MTBF}_{F_{ij}} \times r_{F_{ij}} + \mathrm{MTTR}_{F_{ij}}}} \end{aligned} \tag{5-3}$$

2)估算 B

设功能系统 F_{ij} 在任务阶段 T 内的平均故障次数为 $N_{F_{ij}}$。$N_{F_{ij}}$ 的计算可以利用随机过程理论由 $N_{(0 \to t)}$ 的计算给出,即

$$\begin{aligned} N_{F_{ij}} = N_{(0 \to t)} \mid_{t=T_o} &= 1 - R_{F_{ij}}(t) + \\ &\quad (1 - R_{F_{ij}}(t)) \cdot G_{F_{ij}}(t) \cdot N_{(0 \to t)} \end{aligned} \tag{5-4}$$

对所有功能系统估算故障次数并进行累加,则可以估算出功能系统 F_{ij} 的比

例为 $R_{F_{ij}}$。而这个比例可以近似为概率 $P_{F_{ij}}$，因此可以得到

$$P_{F_{ij}} = R_{F_{ij}} = \frac{N_{F_{ij}}}{\sum_{j=1}^{m} N_{F_{ij}}} \qquad (5-5)$$

至此，每个装备 E_i 在任务 T 下的自然故障维修任务子集 $\mathrm{MF}_{E_i(T)}$ 构建如下：

$$\mathrm{MF}_{E_i(T)} = \sum_{j=1}^{m} P_{F_{ij}} \times \mathrm{MF}_{F_{ij}} \qquad (5-6)$$

其中

$$\sum_{j=1}^{m} P_{F_{ij}} = 1$$

在装备 E_i 的自然故障维修任务子集 $\mathrm{MF}_{E_i(T)}$ 中，任取一条维修任务 $\mathrm{MF}_{E_i(T)}^x$，则 $\mathrm{MF}_{E_i(T)}^x$ 在子集 $\mathrm{MF}_{E_i(T)}$ 所有维修任务中所占的概率为

$$\mathrm{MF}_{E_i(T)}^x @\, \mathrm{pro} = P_{F_{ij}} \times \{\mathrm{MF}_{F_{ij}}^x @\, \mathrm{pro}\} \qquad (5-7)$$

式中：@ 表示提取其中的概率参数；$\mathrm{MF}_{F_{ij}}^x$ 为功能系统 F_{ij} 中对应 $\mathrm{MF}_{E_i(T)}^x$ 的那条维修任务。

3. 构建基于阶段任务 T 的最小任务单元层保障对象 U 的自然故障维修任务子集 $\mathrm{MF}_{U(T)}$

与装备类似，对于最小任务单元保障对象 U 来说，其自然故障维修任务的全集 $\mathrm{M\tilde{F}}_U$ 是其所有装备的自然故障维修任务全集 $\mathrm{M\tilde{F}}_{E_i}$ 的集合，对应的是最小任务单元保障对象 U 的基本可靠性指标 MTBF_U。但是，在任务条件下，由于最小任务单元保障对象中参与任务的装备是其所有装备的一个子集，因此这个装备子集的自然故障维修任务的集合不再是 U 的自然故障维修任务全集，而是其自然故障维修任务的某个子集，这里记做 $\mathrm{MF}_{U(T)}$，它对应的是 U 的某个任务可靠性指标 MTBCF_U。

求解最小任务单元层保障对象 U 的 $\mathrm{MF}_{U(T)}$ 的过程与求解装备 E_i 的 $\mathrm{MF}_{E_i(T)}$ 的过程是相同的，即综合其在任务 T 的装备子集的 $\mathrm{MF}_{E_i(T)}$，并给出每个装备 E_i 的故障分摊概率 P_{E_i}。

获取 P_{E_i} 的方法与获取 $P_{F_{ij}}$ 的方法相同。如用估算 A 方法求解 P_{E_i} 的公式为

$$P_{E_i} = R_{E_i} = \frac{\dfrac{1}{\mathrm{MTBCF}_{E_i(T)} \times r_{E_i} + \mathrm{MTTRF}_{E_i(T)}}}{\sum_{i=1}^{n} \dfrac{1}{\mathrm{MTBCF}_{E_i(T)} \times r_{E_i} + \mathrm{MTTRF}_{E_i(T)}}} \qquad (5-8)$$

式中：r_{E_i}为装备E_i的广义工作时间到日历工作时间的转换因子。

至此，最小任务单元保障对象的$\mathrm{MF}_{U(T)}$构建如下：

$$\mathrm{MF}_{U(T)} = \sum_{i=1}^{n} P_{E_i} \times \mathrm{MF}_{E_i(T)} = \sum_{i=1}^{n} P_{E_i} \times \sum_{j=1}^{m} P_{F_{ij}} \times \mathrm{MF}_{F_{ij}}$$

$$= \sum_{i=1}^{n} \sum_{j=1}^{m} P_{E_i} \times P_{F_{ij}} \times \mathrm{MF}_{F_{ij}} \tag{5-9}$$

式中：$\sum_{i=1}^{n} P_{E_i} = 1$，且在构建过程中，要遵循同一条维修任务合并的原则。

在最小任务单元层保障对象U的自然故障维修任务子集$\mathrm{MF}_{U(T)}$中，任取一条维修任务$\mathrm{MF}_{U(T)}^x$，则$\mathrm{MF}_{U(T)}^x$在子集$\mathrm{MF}_{U(T)}$所有维修任务中所占的概率为

$$\mathrm{MF}_{U(T)}^x @ \mathrm{pro} = P_{E_i} \times \{\mathrm{MF}_{E_i(T)}^x @ \mathrm{pro}\}$$

$$= P_{E_i} \times P_{F_{ij}} \times \{M_{F_{ii}}^x @ \mathrm{pro}\} \tag{5-10}$$

式中：$\mathrm{MF}_{E_i(T)}^x$、$\mathrm{MF}_{F_{ii}}^x$分别为装备E_i和功能系统F_{ij}中对应$\mathrm{MF}_{U(T)}^x$的一条维修任务。

事实上，最小任务单元层保障对象系统基于阶段任务的自然故障维修任务子集，是与最小任务单元层保障对象在此阶段任务下的任务可靠性密切相关的，反映了最小任务单元层保障对象系统在具体的作战任务下对保障系统的要求。也就是说，保障系统通过对某阶段任务下自然故障维修任务子集的维修保障，能够使最小任务单元层保障对象处于能够执行此任务的质量状态。因此，基于阶段任务的最小任务单元层保障对象系统自然故障维修任务子集，是与最小任务单元层保障对象系统不同的任务可靠性水平一一对应的。

5.4.1.2 构建最小任务单元层保障对象系统的自然故障维修任务量模型

设最小任务单元层保障对象U在任务阶段T中，所产生的自然故障总量为$F_{U(T)}$。进行这个总量的分配，就是把$F_{U(T)}$分配分配到$\mathrm{MF}_{U(T)}$中的每条维修任务$\mathrm{MF}_{U(T)}^x$上，从而达到估计U的每条维修任务$\mathrm{MF}_{U(T)}^x$的维修量的目的。

$F_{U(T)}$的获取也可以采取多种方法，如仿真法、估算法以及解析法。下面是利用马尔可夫更新过程计算在任务阶段T中内发生故障的平均次数，即

$$F_{U(T)}(t)\big|_{t=T_o} = 1 - R_{U(T)}(t) + (1 - R_{U(T)}(t)) \cdot$$

$$G_{U(T)}(t) \cdot F_{U(T)}(t) \tag{5-11}$$

利用 LS 变换和 LS 逆变换可以求得 $F_{U(T)} = F_{U(T)}(t)|_{t=T_o}$。特别地,当故障分布和维修时间分布均为指数时,可以给出

$$F_{U(T)}(t)|_{t=T_o} = \frac{t}{\mathrm{MTBCF}_{U(T)} + \mathrm{MTTRF}_{U(T)}} +$$

$$\frac{\mathrm{MTTRF}_{U(T)}^2}{(\mathrm{MTBCF}_{U(T)} + \mathrm{MTTRF}_{U(T)})^2} \times$$

$$\left(1 - \exp\left(-\frac{\mathrm{MTBCF}_{U(T)} + \mathrm{MTTRF}_{U(T)}}{\mathrm{MTBCF}_{U(T)} \times \mathrm{MTTRF}_{U(T)}} \times t\right)\right)$$

$$(5-12)$$

至此,在 $\mathrm{MF}_{U(T)}$ 中任取一条维修任务 $\mathrm{MF}_{U(T)}^x$,则 $\mathrm{MF}_{U(T)}^x$ 所分得的自然故障维修任务量为

$$\mathrm{SF}_{U(T)}(\mathrm{MF}_{U(T)}^x) = F_{U(T)} \times P(\mathrm{MF}_{U(T)}^x) \qquad (5-13)$$

这样,最小任务单元层保障对象 U 在任务阶段 T 内的自然故障维修任务总量为

$$\mathrm{SF}_{U(T)} = \bigcup_{x=1}^{W} \mathrm{SF}_{U(T)}(\mathrm{MF}_{U(T)}^x) \qquad (5-14)$$

式中:W 为子集中维修任务的条目总数。

最小任务单元层保障对象系统的 $\mathrm{SF}_{U(T)}$,描述了 U 在任务阶段 T 内的所产生的每条自然故障维修任务向保障系统提出保障申请的频度或次数,直接影响了保障系统中保障资源的调度和使用状况。

5.4.2　战损维修任务量模型构建过程

最小任务单元层保障对象系统的战损维修任务量模型也是基于具体作战任务阶段的。在不同的作战任务阶段,最小任务单元层保障对象系统的轻中重战损比例不同,则战损维修任务发生的频度也不同,因此造成了战损维修任务量的差异。同样的,我们将确定战损维修任务量的模型称之为战损维修任务量模型。

构建最小任务单元层保障对象系统战损维修任务量模型也需要从两个方面入手:首先,构建基于单一阶段任务的最小任务单元层保障对象系统战损维修任务子集模型;在此基础上,通过确定此阶段任务期间的战损总量,最终构建最小任务单元层保障对象系统战损维修任务量模型。其过程如图 5-7所示。

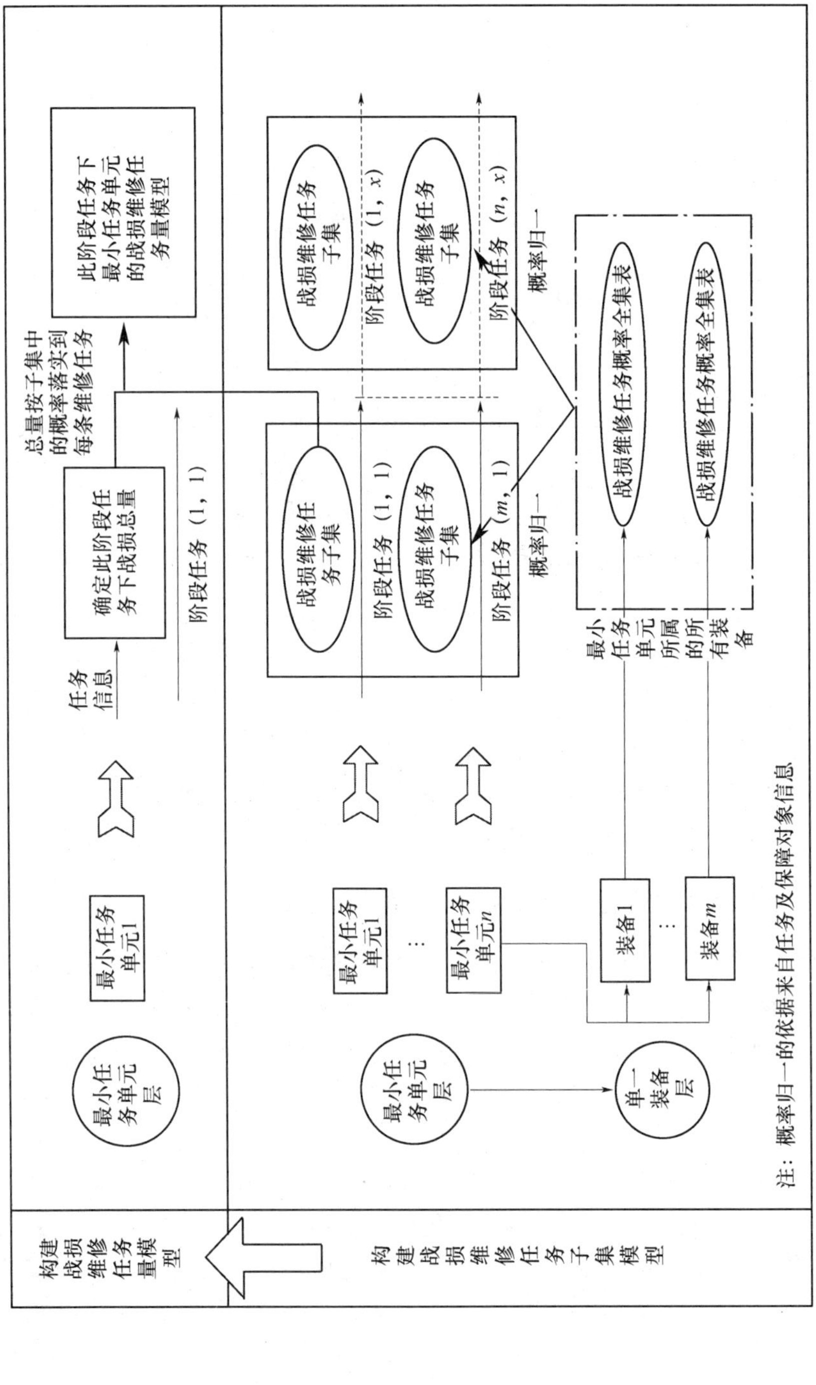

图5-7 最小任务单元层保障对象系统战损维修任务量模型的构建过程

注：概率归一的依据来自任务及保障对象信息

5.4.2.1　建最小任务单元层保障对象系的战损维修任务子集

相对于自然故障来说,战损维修任务考虑的是"全装备",即考虑最小任务单元层保障对象系统所辖的所有的装备,而不仅限于参与任务的装备。这是因为,在自然故障维修任务中,假定只有参与任务的装备或功能系统才能产生自然故障,而不考虑处于不工作状态的装备或功能系统;但在战损维修任务中,由于最小任务单元所有装备都暴露在敌方威胁下,因此,势必会在全部所有装备中造成战损。

在上述假设下,这里所考虑的子集实际上是以其全集中所有战损维修任务为基础的,只是在不同的任务下装备损伤程度的比例不同,由此造成全集中每条维修任务的概率也随之不同。我们仍然称其为最小任务单元层保障对象系统战损维修任务子集。其具体构建过程如下:

1. 已知条件及符号约定

记某最小任务单元层保障对象为 U,记 U 的某个作战任务阶段为 T。设 U 所属的所有装备分别为 $E_1, E_2, \cdots, E_N$,总数为 N。

在任务阶段 T 中,已知其战损率为 $V_{(T)}$,其中,轻中重废的比例分别为 $V_{轻(T)}$、$V_{中(T)}$、$V_{重(T)}$、$V_{废(T)}$。

设每个装备 E_i 的战损维修任务概率全集为 MD_{E_i},其中轻中重损的概率全集分别为 $\mathrm{MD}_{轻_i}$、$\mathrm{MD}_{中_i}$、$\mathrm{MD}_{重_i}$,且每条维修任务 $\mathrm{MD}_{轻_i}^x$ 或 $\mathrm{MD}_{中_i}^x$ 或 $\mathrm{MD}_{重_i}^x$ 在其所属的损伤程度中所占的概率为 $P(\mathrm{MD}_{轻_i}^x)$ 或 $P(\mathrm{MD}_{中_i}^x)$ 或 $P(\mathrm{MD}_{重_i}^x)$。

2. 构建基于阶段任务 T 的每个装备 E_i 的战损维修任务子集 $MD_{E_i(T)}$

对于某个装备 E_i 来讲,由于在不同的任务下其轻中重损的比例不同,因此其 $\mathrm{MD}_{E_i(T)}$ 也不同。每个装备 E_i 在任务 T 下的战损维修任务子集 $\mathrm{MD}_{E_i(T)}$ 构建如下:

$$\mathrm{MD}_{E_i(T)} = V_{轻(T)} \times \mathrm{MD}_{轻_i} \cup V_{中(T)} \times \mathrm{MD}_{中_i} \cup V_{重(T)} \times \mathrm{MD}_{重_i} \quad (5-15)$$

其中

$$V_{轻(T)} + V_{中(T)} + V_{重(T)} = 1 - V_{废(T)} \quad (5-16)$$

至此,在装备 E_i 的战损维修任务子集 $\mathrm{MD}_{E_i(T)}$ 中,任取一条维修任务 $\mathrm{MD}_{E_i(T)}^x$,则 $\mathrm{MD}_{E_i(T)}^x$ 在子集 $\mathrm{MD}_{E_i(T)}$ 所有维修任务中所占的概率为

$$P(\mathrm{MD}_{E_i(T)}^x) = V_{轻(T)} \times P(\mathrm{MD}_{轻_i}^x) \text{ 或 } V_{中(T)} \times P(\mathrm{MD}_{中_i}^x)$$
$$\text{或 } V_{重(T)} \times P(\mathrm{MD}_{重_i}^x) \quad (5-17)$$

式中:$MD^x_{轻_i}$或$MD^x_{中_i}$或$MD^x_{重_i}$为对应$MD^x_{E_i(T)}$的一条维修任务。

3. 构建基于阶段任务 T 的最小任务单元层保障对象系统 U 的战损维修任务子集 $MD_{U(T)}$

求解$MD_{U(T)}$的关键是求得 U 中各装备 E_i 之间的比例 P_{E_i},也即当战损发生时,各装备发生战损的可能性。这个比例是与敌方威胁的侧重点、装备的重要程度等相关的,因此与实际作战情况有很大关系。当假设敌方威胁平均分布且装备重要程度相等时,可以采取等分法来估算这个比例,即

$$P_{E_i} = \frac{1}{N} \qquad (5-18)$$

这样,最小任务单元层保障对象 U 的 $MD_{U(T)}$ 如下:

$$MD_{U(T)} = \sum_{i=1}^{N} P_{E_i} \times MD_{E_i(T)}$$

$$= \sum_{i=1}^{n} P_{E_i} \times \left\{ V_{轻(T)} \times MD_{轻_i} \cup V_{中(T)} \times MD_{中_i} \cup V_{重(T)} \times MD_{重_i} \right\}$$

$$\qquad (5-19)$$

在最小任务单元层保障对象 U 的战损维修任务子集 $MD_{U(T)}$ 中,任取一条维修任务 $MD^x_{U(T)}$,则 $MD^x_{U(T)}$ 在子集 $MD_{U(T)}$ 所有维修任务中所占的概率为

$$P(MD^x_{U(T)}) = P_{E_i} \times P(MD^x_{E_i(T)}) \qquad (5-20)$$

式中:$P(MD^x_{E_i(T)})$ 为装备 E_i 中对应 $MD^x_{U(T)}$ 的一条战损维修任务。

与自然故障维修任务子集类似,在构建过程中,要遵循同一条维修任务合并的原则。

5.4.2.2 建最小任务单元层保障对象系统的战损维修任务量模型

设最小任务单元层保障对象 U 在任务阶段 T 中,所产生的战损总量为 $D_{U(T)}$。进行这个总量的分配,就是把 $D_{U(T)}$ 分配到 $MD_{U(T)}$ 中的每条维修任务 $MD^x_{U(T)}$ 上,从而达到估计最小任务单元层保障对象 U 在任务阶段 T 中每条维修任务 $MD^x_{U(T)}$ 的战损量的目的。

获取 $D_{U(T)}$ 需要根据装备总数及作战任务中的战损情况,其计算如下:

$$D_{U(T)} = N \times V_{(T)} \qquad (5-21)$$

至此,在 $MD_{U(T)}$ 中任取一条维修任务 $MD^x_{U(T)}$,则 $MD^x_{U(T)}$ 所分得的战损维修任务量为

$$\mathrm{SD}_{U(T)}(\mathrm{MD}^x_{U(T)}) = D_{U(T)} \times P(\mathrm{MD}^x_{U(T)}) \qquad (5-22)$$

由于每条战损维修任务 $\mathrm{MD}^x_{U(T)}$ 包含若干条战损子维修任务,因此其每条子任务都分得了与 $\mathrm{MD}^x_{U(T)}$ 一样的战损维修任务量,即在 $\mathrm{MD}^x_{U(T)}$ 中任取一条战损子维修任务 $\mathrm{MDZ}^{xi}_{U(T)}$,则其所分得的战损维修任务量为 $\mathrm{SD}_{U(T)}(\mathrm{MDZ}^{xi}_{U(T)})$。

实际上,不同的战损维修任务所包含的战损子维修任务可能相同,因此,涉及到同一战损子维修任务的任务量累加的问题。设 $\mathrm{MDZ}^i_{U(T)}$ 为任一条战损子维修任务,且同时属于战损维修任务 $\mathrm{MD}^1_{U(T)}, \mathrm{MD}^2_{U(T)}, \cdots, \mathrm{MD}^X_{U(T)}$,则其战损维修任务量为

$$\mathrm{SD}_{U(T)}(\mathrm{MDZ}^i_{U(T)}) = \sum_{x=1}^{X} \mathrm{SD}_{U(T)}(\mathrm{MD}^x_{U(T)}) \qquad (5-23)$$

至此,最小任务单元层保障对象 U 在任务阶段 T 内的战损维修任务总量为

$$\mathrm{SD}_{U(T)} = \bigcup_{i=1}^{Q} \mathrm{SD}_{U(T)}(\mathrm{MDZ}^i_{U(T)}) \qquad (5-24)$$

式中:Q 为所有战损子维修任务的条目总数。

最小任务单元层保障对象系统的 $\mathrm{SD}_{U(T)}$,描述了 U 在任务阶段 T 内的所产生的每条战损子维修任务向保障系统提出保障申请的频度或次数。同样的,它也直接影响了保障系统中保障资源的调度和使用状况。

5.4.3　示例分析

本节仍以第 2 章中的联合战役示例,针对其中的导弹营最小任务单元进行维修任务量模型构建分析。

1. 建导弹营最小任务单元保障对象系统的自然故障维修任务量模型

由于这里只针对工作状态的自然故障进行分析,因此对于导弹营保障对象系统来讲,只在有装备参与任务的阶段考虑自然故障维修任务量的问题,如行军、展开、火力射击等任务阶段。这里选取典型的行军任务阶段进行实例分析。

在假定一组数据的情况下,采取估算的方法,导弹营行军任务中自然故障维修任务的子集模型构建过程如图 5 - 8 所示。

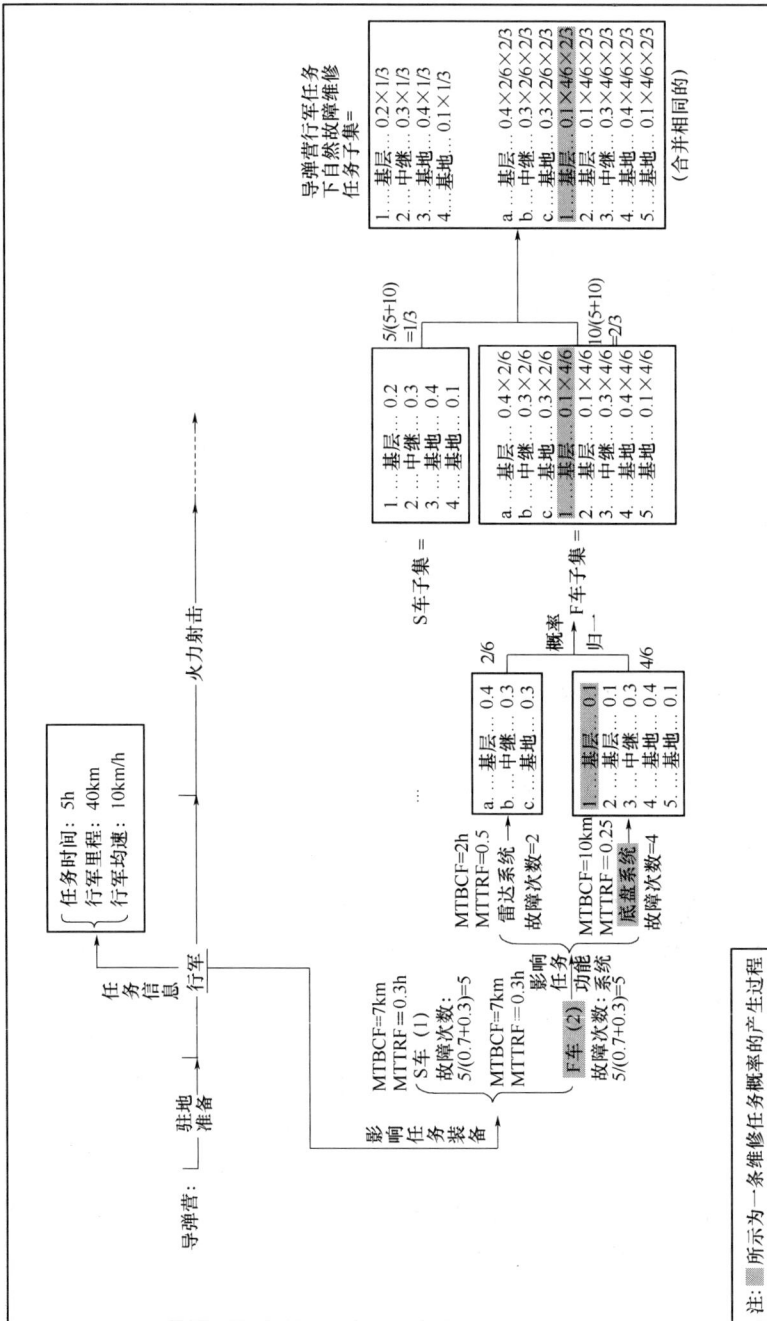

图5-8 导弹营自然故障维修任务子集构建过程

注：■所示为一条维修任务概率的产生过程

112

采取本书提供的求解自然故障总量的方法,求得其总量为 8,则导弹营行军任务中自然故障维修任务量模型的构建过程如图 5 – 9 所示。

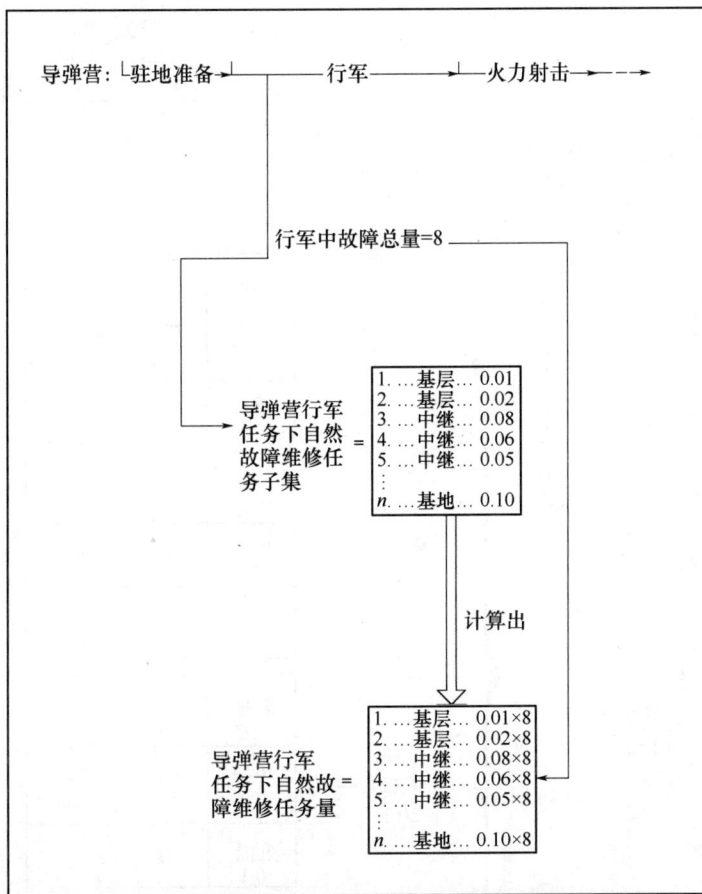

图 5 – 9　导弹营行军任务中自然故障维修任务量模型构建过程

2. 构建导弹营最小任务单元保障对象系统的战损维修任务量模型

根据作战任务中双方交战的时机不同,对于导弹营保障对象系统来讲,只在作战双方进行交战的任务阶段中,才会产生战损维修任务及维修任务量的问题,如火力射击阶段。这里即针对此任务阶段进行实例分析。

在假定一组数据的情况下,导弹营火力射击任务中战损维修任务的子集模型构建过程如图 5 – 10 所示。

采取前面提供的求解战损总量的方法,求得其总量为 8,则导弹营行军任务中战损维修任务量模型的构建过程如图 5 – 11 所示。

113

战损信息

轻损: 0.6
中损: 0.2
重损: 0.1
报废: 0.1

导弹营: 驻地准备 → 行军 → 火力射击 →------→

导弹营所属的所有装备

		计算出
轻损 0.6	1. …… 0.5 2. …… 0.5	
S车（1） 1/13 中损 0.2	1. …… 1	
重损 0.1	1. …… 1	

		计算出
轻损 0.6	1. …… 0.4 2. …… 0.6	
F车（2） 2/13 中损 0.2	1. …… 1	
重损 0.1	1. …… 0.5 2. …… 0.5	

装备总数为
1+2+2+8=13

		计算出
轻损 0.6	1. …… 0.3 2. …… 0.7	
GM（2） 2/13 中损 0.2	1. …… 0.2 2. …… 0.8	
重损 0.1	1. …… 1	

		计算出
轻损 0.6	1. …… 0.6 2. …… 0.3 3. …… 0.1	
D弹（8） 8/12 中损 0.2	1. …… 1	
重损 0.1	1. …… 1	

注：▨▨▨ 所示为一条维修任务的概率产生过程

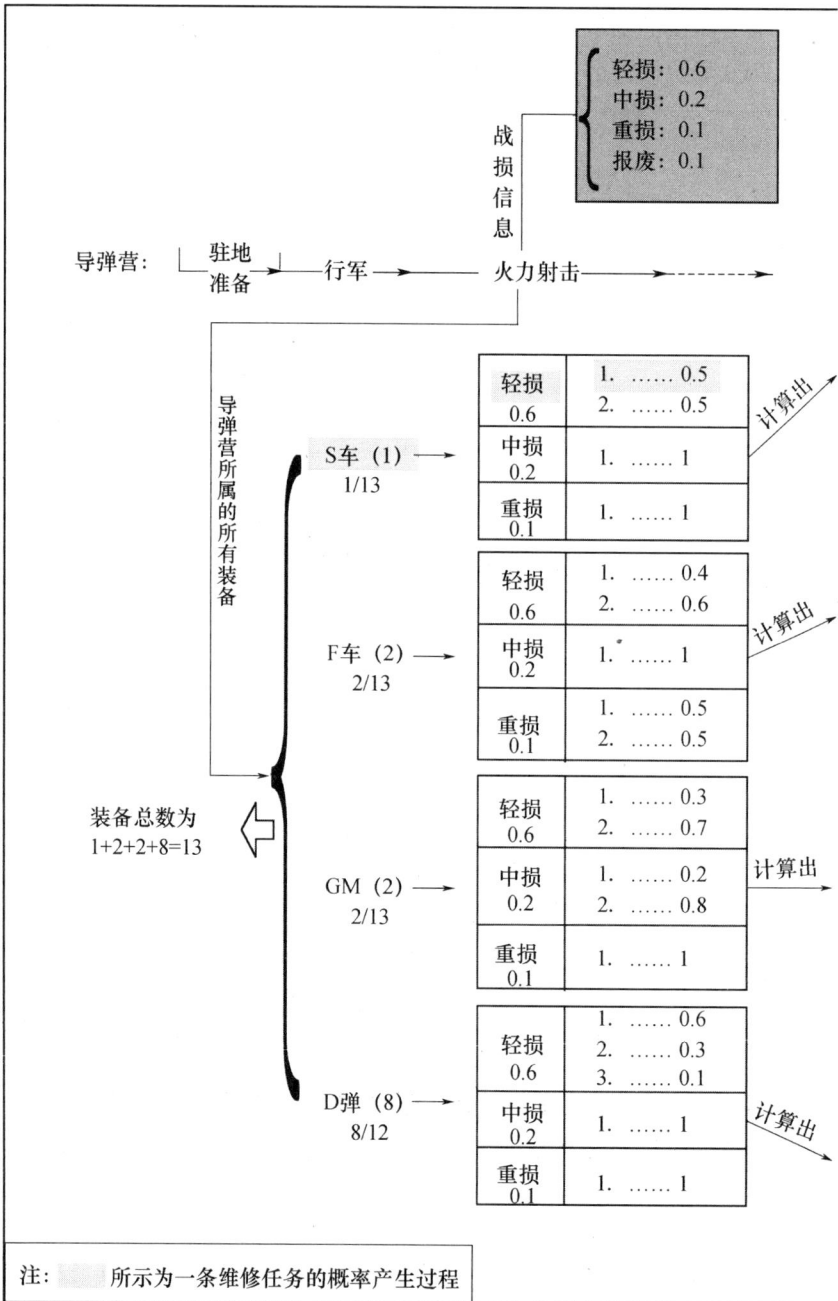

图 5-10 导弹营战损维修

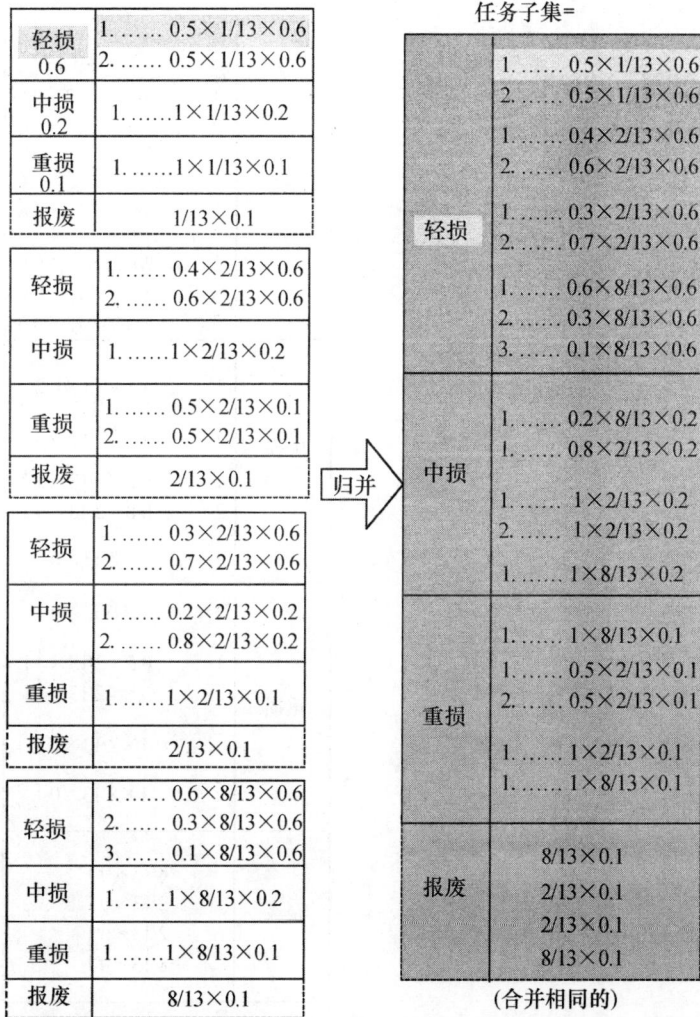

导弹营火力射击
任务下战损维修
任务子集=

轻损 0.6	1. …… 0.5×1/13×0.6
	2. …… 0.5×1/13×0.6
中损 0.2	1. ……1×1/13×0.2
重损 0.1	1. ……1×1/13×0.1
报废	1/13×0.1

轻损	1. …… 0.4×2/13×0.6
	2. …… 0.6×2/13×0.6
中损	1. ……1×2/13×0.2
重损	1. …… 0.5×2/13×0.1
	2. …… 0.5×2/13×0.1
报废	2/13×0.1

轻损	1. …… 0.3×2/13×0.6
	2. …… 0.7×2/13×0.6
中损	1. …… 0.2×2/13×0.2
	2. …… 0.8×2/13×0.2
重损	1. ……1×2/13×0.1
报废	2/13×0.1

轻损	1. …… 0.6×8/13×0.6
	2. …… 0.3×8/13×0.6
	3. …… 0.1×8/13×0.6
中损	1. ……1×8/13×0.2
重损	1. ……1×8/13×0.1
报废	8/13×0.1

归并

轻损	1. …… 0.5×1/13×0.6
	2. …… 0.5×1/13×0.6
	1. …… 0.4×2/13×0.6
	2. …… 0.6×2/13×0.6
	1. …… 0.3×2/13×0.6
	2. …… 0.7×2/13×0.6
	1. …… 0.6×8/13×0.6
	2. …… 0.3×8/13×0.6
	3. …… 0.1×8/13×0.6
中损	1. …… 0.2×8/13×0.2
	1. …… 0.8×2/13×0.2
	1. ……1×2/13×0.2
	2. ……1×2/13×0.2
	1. ……1×8/13×0.2
重损	1. ……1×8/13×0.1
	1. …… 0.5×2/13×0.1
	2. …… 0.5×2/13×0.1
	1. ……1×2/13×0.1
	1. ……1×8/13×0.1
报废	8/13×0.1
	2/13×0.1
	2/13×0.1
	8/13×0.1

(合并相同的)

任务子集构建过程

115

战
损
信
息

战损率:0.5

装备总数=13

导弹营： 驻地准备 —— 行军 —— 火力射击 ————

导弹营火力射击
任务下战损维修 =
任务子集

轻损	1. ...... 0.5×1/13×0.6
	2. ...... 0.5×1/13×0.6
	1. ...... 0.4×2/13×0.6
	2. ...... 0.6×2/13×0.6
	1. ...... 0.3×2/13×0.6
	2. ...... 0.7×2/13×0.6
	1. ...... 0.6×8/13×0.6
	2. ...... 0.3×8/13×0.6
	3. ...... 0.1×8/13×0.6
中损	1. ...... 1×8/13×0.2
	1. ...... 1×2/13×0.2
	1. ...... 0.2×2/13×0.2
	2. ...... 0.8×2/13×0.2
	1. ...... 1×8/13×0.2
重损	1. ...... 1×8/13×0.1
	1. ...... 0.5×2/13×0.1
	2. ...... 0.5×2/13×0.1
	1. ...... 1×2/13×0.1
	1. ...... 1×8/13×0.1
报废	8/13×0.1
	2/13×0.1
	2/13×0.1
	8/13×0.1

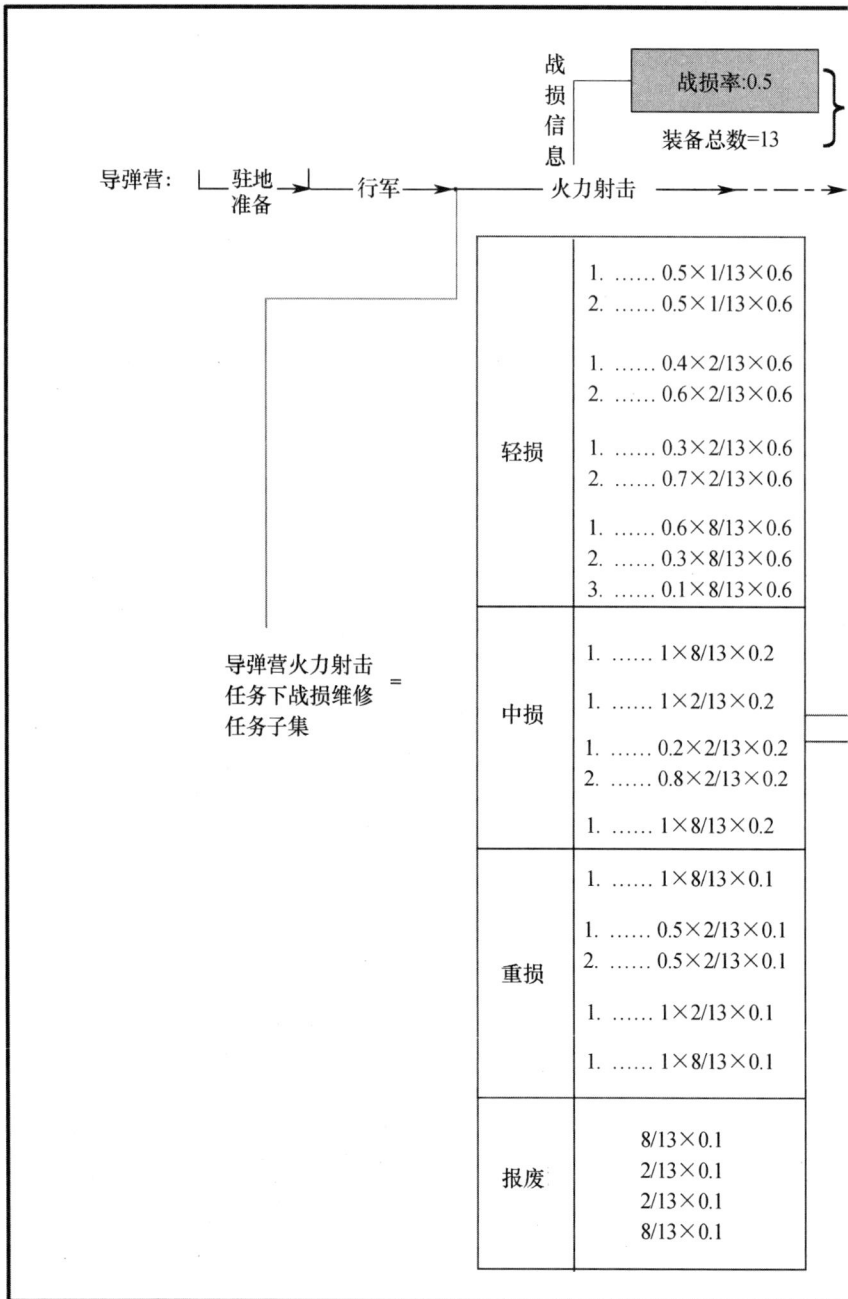

图 5－11 导弹营战损维修

计算出 ⟹ 火力射击中
战损总量
=13×0.5
=8

轻损	1. …… 0.5×1/13×0.6×6.5
	2. …… 0.5×1/13×0.6×6.5
	1. …… 0.4×2/13×0.6×6.5
	2. …… 0.6×2/13×0.6×6.5
	1. …… 0.3×2/13×0.6×6.5
	2. …… 0.7×2/13×0.6×6.5
	1. …… 0.6×8/13×0.6×6.5
	2. …… 0.3×8/13×0.6×6.5
	2. …… 0.1×8/13×0.6×6.5
中损	1. …… 1×8/13×0.2×6.5
	1. …… 1×2/13×0.2×6.5
	1. …… 0.2×2/13×0.2×6.5
	2. …… 0.8×2/13×0.2×6.5
	1. …… 1×8/13×0.2×6.5
重损	1. …… 1×8/13×0.1×6.5
	1. …… 0.5×2/13×0.1×6.5
	2. …… 0.5×2/13×0.1×6.5
	1. …… 1×2/13×0.1×6.5
	1. …… 1×8/13×0.1×6.5
报废	8/13×0.1×6.5
	2/13×0.1×6.5
	2/13×0.1×6.5
	8/13×0.1×6.5

计算出 ⟹ 导弹营火力射击
任务下战损维修　＝
任务量

任务量模型构建过程

5.5 本章小结

本章首先对维修任务的类型进行分析,界定了维修任务的种类。然后,对各种维修任务模型和维修任务模型中的资源进行了定义和描述。在此基础上,建立了最小任务单元层保障对象系统维修任务的全集模型。最后,重点分析了构建最小任务单元层保障对象系统自然故障和战损维修任务量模型的过程和方法。

第6章　装备作战单元保障对象系统维修任务分配模型

6.1　维修任务与维修实体的关联关系分析

6.1.1　维修任务的关联对象

维修任务与装备保障系统实体之间的关联关系是环境对装备保障系统牵引作用的具体体现,是指装备保障系统的环境及其维修任务与装备保障系统构成中的保障组成要素之间存在的维修和被维修关系。

在将装备保障系统的组成要素抽象为实体基础上,维修任务的关联对象即是装备保障系统的实体。装备保障系统的实体包括保障指挥实体、维修实体、器材保障实体和装备运输实体四类(本书考虑的范围),其中能够与维修任务形成维修和被维修关系的仅有维修实体一类。因此,维修任务与装备保障系统构成之间的关联关系实际上最终反映在维修任务与维修实体之间的关联关系上。

因此,建立维修任务与装备保障系统构成之间的关联关系模型,等同于建立维修任务与维修实体之间的关联关系模型。

6.1.2　维修任务与维修实体的关联关系

维修任务与维修实体间的关联关系包括三个方面的内涵:

1. 维修任务与维修实体的定性关联

维修任务与维修实体的定性关联,是指维修任务由哪些维修实体承担,可通过建立维修任务与维修实体之间的分配关系,来确定可执行该维修任务的维修实体。

2. 维修任务与维修实体的定量关联

维修任务与维修实体的定量关联,是指维修任务量在维修实体中的分摊关系,可通过建立维修任务量在各个维修实体之间的分摊关系,以及给定分摊率的方式,确定某一维修实体需要承担的任务量比例。

定性关联和定量关联相互配套,定量关联关系的建立以定性关联关系为基础,即维修任务的分摊对象与分配对象完全一致。

3. 维修实体与整个环境的关联

维修实体与整个环境的关联,是指将环境中的所有保障对象系统的所有维修任务作为一个整体看待时,维修实体需要承担的所有维修任务和总维修任务量。维修实体与环境的关联是在前两个关联关系的基础上建立的。

6.1.3 维修任务与维修实体关联模型的定义

根据维修任务与维修实体的关联关系内涵的分析,可以将关联关系模型定义为:关联关系模型是对维修任务与维修实体之间的分配关系和分摊关系进行的抽象描述,并最终反映为维修实体所承担的维修任务集和维修任务量。

由此,建立维修任务与维修实体间的关联关系模型可分为以下三个部分:

(1)建立维修任务与维修实体间的分配关系模型。

(2)建立维修任务量与维修实体间的分摊关系模型。

(3)建立维修实体的维修任务集和维修任务量模型。

上述三个部分即是维修任务与装备保障系统构成之间的关联建模的主要研究内容。

6.2 维修任务与维修实体间的分配关系建模

6.2.1 建立分配关系的一般过程

建立维修任务与维修实体间的分配关系模型,其目的在于确定某个保障对象系统的某维修任务是由哪些维修实体承担,也就是要将维修任务分配至各维修实体。

实际的装备保障系统中,维修任务首先是与保障层次相关联,继而才与保障层次所属的各个维修实体相关联,且两个步骤所采用的方法存在差异。因此,维修任务与维修实体间的分配关系的建立通常经过两个阶段,各个阶段分别受各自方法的指导。在第一个阶段,建立维修任务与保障层次的分配关系;在第二个阶段,建立维修任务与各个保障层次所属维修实体的分配关系。建立分配关系的一般过程如图6-1所示。

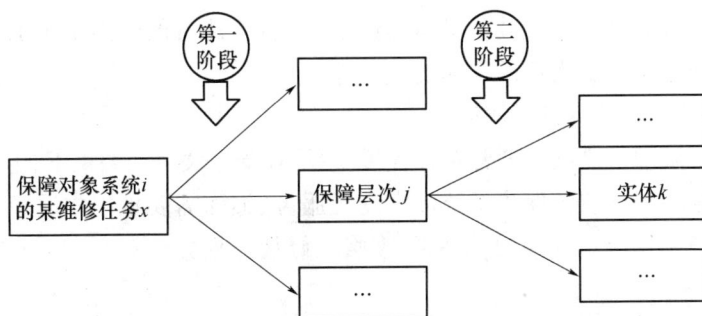

图 6-1 建立分配关系的一般过程

6.2.2 建立分配关系的方法

6.2.2.1 建立维修任务与各保障层次间的分配关系的方法

自然故障维修任务模型中对维修任务的维修级别进行了描述,战损维修任务模型对战损维修任务及战损子任务的损伤程度进行了描述。在建立维修任务与各保障层次间的分配关系时,维修级别和损伤程度是主要的依据之一。此外,当某一维修任务具有某种特殊的保障要求时,在按照维修级别或损伤程度进行分配的基础上,需要对某些维修任务的分配进行调整。因此,建立维修任务与各保障层次之间的分配关系,通常采用两个步骤进行。

1. 按照维修级别(损伤程度)建立初始分配关系

初始分配关系的建立是通过建立维修任务的维修级别或损伤程度与保障层次间的对应关系,来确定某一保障层次需要承担的维修任务。

按照维修任务的维修级别(损伤程度)进行分配必须遵循维修任务分配的一般的原则,即维修级别或损伤程度高的维修任务通常与高保障层次相关联,而维修级别或损伤程度低的维修任务则通常与低保障层次相关联。

2. 根据保障要求调整初始分配关系

某一个保障对象系统的某些维修任务,在保障指挥实体的决策下,通常形成不同于其他维修任务的特殊保障要求,因而需要对这些具有特殊保障要求的维修任务进行调整,主要包括以下三个方面:

1) 按照力量配属(或加强)要求进行调整

在战时,为了减少保障层次,缩短保障服务时间,通常向下层装备保障系统配属本属于上层的保障力量,或加强下层的保障能力。因此,下层装备保障系统实际上具备对维修级别或损伤程度较高的维修任务的保障能力。因而,需要将这些维修任务划分到下层装备保障系统中,由下层装备保障系统中的被加强的维修实体或属于配属力量的实体实施保障。

2)按照支援关系进行调整

各个保障层次之间的通常存在支援关系,在支援关系的约束下,上层装备保障系统必须为下层装备保障系统提供支援服务,继而需要承担本属于下层的部分维修任务。也就是说,需要将部分维修维修任务划分至对之实施支援的保障层次。

3)按照装备的特殊性进行调整

某保障对象系统大多包含多类装备型号,而每一类型号的装备及其子系统由于其复杂程度或技术精密程度的差别,所需的保障层次也可能不同,主要体现在两个方面:

(1)由于装备或子系统的重要性、专用性或精密程度较高,对维修保障的要求较高,需要将这些维修任务划分至较高保障层次中完成,如飞机发动机一旦发生战损,其战损维修任务不论是轻损、中损还是重损都需返厂修理。

(2)本属于较高保障层次的维修任务,但维修所需的资源或技艺相对简单,维修保障的要求相对较低,则通常将这些任务划分到较低的保障层次中完成。例如,实际装备保障系统中,绝大多数通用装备的底盘系统维修,在作战部队一级(底层)装备保障系统基本上就可完全解决。因此,需要进行分配调整,对这些具有特殊保障要求的维修任务进行进一步界定。

按照上述分配方法,可建立某保障对象系统的维修任务与保障层次间的分配关系方案,如表6-1所列。

表6-1 维修任务与各保障层次的分配关系方案

保障对象系统	维修任务	维修任务对应的保障层次
保障对象系统 i	维修任务1	第 l 个保障分系统,…
	⋮	⋮
	维修任务 j	…
	⋮	⋮

维修任务与所有保障层次的分配关系实际上对应一个维修任务与保障层次之间的分配关系向量,即

$$B_l(ij)_{1 \times m} = [b_{ij1}, \cdots, b_{ijl}, \cdots, b_{ijm}] \tag{6-1}$$

当 $b_{ijl} = 1$ 时,说明保障对象系统 i 的维修任务 j 与第 l 个保障层次形成分配

关系,该保障层次承担该维修任务。

当 $b_{ijl}=0$ 时,说明保障对象系统 i 的维修任务 j 与第 l 个保障层次不形成分配关系,该保障层次不承担该维修任务。

6.2.2.2　建立维修任务与各保障层次所属维修实体间分配关系的方法

6.2.2.1 节通过建立维修任务与各保障层次间的分配关系,确定了某保障对象系统的维修任务在各保障层次间的分配方案。在此基础上,可进一步确定维修任务的具体执行实体,建立维修任务与各保障层次所属实体间的分配关系。

在维修任务模型中对维修任务所对应的装备结构、维修级别或损伤程度、平均维修时间等属性进行了描述。在面向任务的能力构建模式下,维修任务的这些属性直接关系到维修实体的配置,继而影响其能力。因此,将维修任务这三个方面的属性作为建立维修任务与维修实体间的分配关系的主要依据,并在此基础上提出一种基于"装备结构—维修级别/损伤程度—平均维修时间"三维一体的分配关系建立方法。

1. 基于装备结构的分配关系建立方法

不同类型的装备、装备型号、功能系统、部(附)件对维修资源以及维修能力的要求各不相同。例如,轻武器装备的维修相对于装甲装备而言,其维修任务相对简单,所需的维修资源类型比较单一,能力需求也相对较低。同样,即便是属于同一类型的两种装备,也会因装备型号的不同,导致二者产生的维修任务在维修手段、方法、资源、工艺、环境等差别迥异。

此外,即便是同一型号的装备,由于各个功能系统的复杂程度各不相同,也会对维修机构提出不同的需求,如某新式步战车的底盘系统的维修和动力系统的维修在维修设施上就差别巨大,底盘系统的维修任务大多可依靠野战维修工程车直接在故障现场完成,而动力系统的维修任务则需要在维修车间内才能实施。

因此,维修任务的分配方案首先应当依据装备结构进行区分,如装备结构可从装备类型层层分解到部(附)件,而到底选择在那个层面上进行维修任务分配则需要根据装备维修的复杂性而定。

1) 按照装备类型建立分配关系

按照装备类型建立维修任务与维修实体的分配关系的方法通常适用于保障对象系统的装备类型比较简单、装备复杂程度相对比较低,且对资源要求和维修能力要求比较简单的情况。例如,对于枪械装备,维修相对简单,则可将其所有的维修任务集中考虑,统一分配给一个实体即可。

2)按照装备型号建立分配关系

此方法适用于同属一类装备但各型号装备的维修要求差异较大的情况。尤其是我军装备体系层次跨度较大,新老装备并存,新型号装备的维修复杂性较老旧型号要高的多,生产日期差别较大,在制造工艺、材料选取、设计机理等方面差别明显,涉及的维修资源及维修技艺在很大程度上不可通用,在维修任务分配时,应当区别对待。例如,56式112mm火炮和96式112mm火炮,对于维修资源及维修能力的需求差异较大,其相关维修任务通常不分配到同一个实体中。

3)按照功能系统建立分配关系

此方法适用于复杂装备。装备通常划分为多个功能系统,且功能系统构成复杂,各功能系统在维修人员、设备、技术、设施、环境等方面差异较大,难以统一。此时,需要按照功能系统的划分将维修任务区分到不同的维修组中,如将某型远程火箭炮火力系统的维修任务集中分配,构建军械修理组实时维修,将底盘系统的维修任务集中分配,构建底盘修理组实时维修。

4)按照部(附)件建立分配关系

此方法通常用于非常重要、昂贵的精密装备和仪器的维修任务分配。其每一个部(附)件的维修在资源、能力上的要求通常差异明显,因而需要分配到不同的实体中对之进行维修。

总之,根据装备结构选择维修任务与维修实体关联关系的建立方法,选择的装备结构的分辨率越高,分配关系的精细化程度越高,但工程操作的工作量巨大;选择的分辨率越低,分配关系建立所涉及的工作量少,但工程分析的精确化程度大打折扣。

2. 基于平均维修时间的分配关系建立方法

平均维修时间是指对维修任务进行维修所需的实际平均工作时间。由于维修任务在检测、拆卸、实际修理的复杂性、组装、测试、工艺流程等方面所需的时间各不相同,不同维修任务所需的实际维修时间也千差万别。基于平均维修时间的建立维修任务与维修实体的分配关系,就是将保障对象系统的所有维修任务按照所需的平均维修时间划分为几个时间段,将不同维修时间段内的维修任务与不同的维修实体建立分配关系,这也是当前常用的方法。以某57高炮营的维修任务分配为例,按照平均维修时间进行分配所得建立的维修任务与维修实体的分配关系方案如表6-2所列。

表 6 - 2　基于平均维修时间分配关系方案

实体	按平均维修时间进行的任务分配
营技术保障组的修理组	30min 内可完成的维修任务
旅前进保障群的修理组	4h 内可完成的维修任务
旅基本保障群的修理组	8h 内可完成的维修任务
集团军修理营的修理组	24h 内可完成的维修任务
总部、战区修理机构的修理组	24h 以上的维修任务

3. 基于维修级别(损伤程度)的分配方法

利用维修级别/损伤程度进行维修任务分配,就是将不同级别或损伤程度的维修任务全部划分到一个实体中,由该维修实体执行某一级别或某一损伤程度的所有维修任务。利用维修级别/损伤程度进行任务分配能较好的遵循了维修任务分配要以建制装备保障系统为基础的原则,可极大地减少维修任务分配的盲目性。以某 57 高炮营的维修任务分配为例,基于维修级别(损伤程度)的分配关系方案如表 6 - 3 所列。

表 6 - 3　基于维修级别(损伤程度)的维修任务分配关系方案

维修机构	按维修级别进行分配	按损伤程度进行分配
营技术保障组的修理组	部分基层级维修任务	部分轻损维修任务
旅前进保障群的修理组	部分基层级维修任务	部分轻损维修任务
旅基本保障群的修理组	全部基层级维修任务 部分中继级维修任务	全部轻损维修任务 部分中损维修任务
集团军修理营的修理组	全部中继级维修任务 部分基地级维修任务	全部中损维修任务 部分重损维修任务
总部、战区修理机构的修理组	全部基地级维修任务	全部重损维修任务

4. 三维一体的维修任务分配方法

上述三类方法中的每一种都有各自的优点,但采用某一单一方法,只能够满足与之适应的维修任务分配对象的分配要求。为了寻求一种满足所有情况下的维修任务分配,也为了遵循紧贴维修任务分配要满足"紧贴装备特点、照顾建制、便于能力构建"等原则,本书将上述三类方法进行综合,提出了基于"装备结构—平均维修时间—维修级别/损伤程度"三维一体的修任务分配方法。

三维一体的分配方法,实际上就是将装备结构、平均维修时间、维修级别/损伤程度作为维修任务分配的三个要素,在针对某一保障对象系统的维修任务进行分配时,将上述三个要素进行组合,形成维修任务筛选条件。在维修任务分配时,根据确定的装备结构层次、划分的维修时间段和维修级别/损伤程度,将满足筛选条件的所有维修任务分配到一个维修实体中。

以前进保障群修理队某维修组对应的某导弹营的维修任务分配为例,假设我们要求该维修组导弹营的所有装备的底盘系统的基层级自然故障维修任务和轻损程度的战损维修任务,则可按照"装备结构 + 维修时间 + 维修级别/损伤程度"设置筛选条件为

维修任务分配筛选条件 = 底盘系统 + 基层级 + 轻损

这样,在维修任务分配后,可确定前进保障群修理队的某修理组需要承担导弹营的所有底盘系统的基层级和轻损维修任务。

5. 基于维修实体间关联关系的分配调整

维修实体之间通常存在维修支援、维修接替等关系。当某一个维修实体与其他维修实体形成了维修支援和维修接替关系时,实际上就间接地承担了保障对象系统的部分或全部维修任务。为了明确地确定主体提供这些服务所需的资源配置和保障能力,需要依据服务对象所承担的维修任务,确定自身需要承担它们的哪些具体的维修任务。此时,维修任务分配的对象不再是保障对象系统,而是作为关系作用客体的维修实体及所承担的维修任务。

实施维修支援时,关系实施主体的资源构成必须能够完成受施方所承担的部分或全部维修任务。因此,在上述分配结果的基础上,应当按照维修支援关系进行分配调整,使被支援客体的部分或全部维修任务顺承转移至提供维修支援服务的主体中,以便于主体进行资源和能力上的准备。而主体所需承担客体的哪些维修任务的确定,可按照上文给定的"三维一体"的维修任务分配方法设置筛选条件进行选取。

实施维修接替时,被接替的客体通常都是失去了保障能力,因而主体一方应当承担其所有的维修任务,并为这种可能进行资源配置和能力构建。

例如,防空旅的机动保障群修理队某修理组需要在营伴随修理组的维修任务繁重时对其进行支援,二者形成维修支援关系,则需要确定营伴随修理组的哪些维修任务将由机动保障群修理队修理组进行支援,继而将这部分维修任务实施顺承转换,作为机动保障群修理队某修理组的维修任务。又如,机动保障群修理队的修理组需要在前进保障群修理队某修理组失去保障能力时对其实施维修接替,那么前进保障群修理队某修理组的所有维修任务也应当发生顺承转换,作为机动群修理队某修理组的维修任务。维修任务分配的顺承转换如图 6-2 所示。

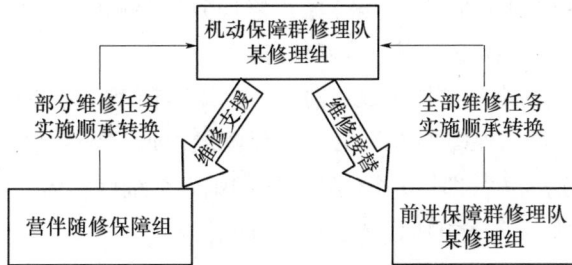

图 6-2　维修任务分配的顺承转换示意图

经过维修实体间关联关系约束下的维修任务调整后,针对某一保障对象系统的维修任务分配即完成,从而可确定每一个保障对象系统的每一维修任务对应的维修实体,如表 6-4 所示。

表 6-4　维修任务与某保障层次的维修实体的分配关系

保障对象系统	维修任务	对应的各保障层次	可承担该维修任务的维修实体
保障对象系统 i	维修任务 1	保障层次 1	维修实体 11,维修实体 12
		保障层次 l	维修实体 23,维修实体 lk
	维修任务 j	…	…
	⋮	⋮	⋮

维修任务与实际上也可写为一个分配关系向量,即

$$\boldsymbol{B}_{lk}(ij)_{1\times n_l} = \left[b_{ijl1}, \cdots, b_{ijlk}, \cdots, b_{ijln_l} \right] \qquad (6-2)$$

式中: n_l 是第 l 个保障层次的维修实体总数。

当 $b_{ijlk}=1$ 时,说明保障对象系统 i 的维修任务 j 与第 l 个保障层次的第 k 个维修实体形成分配关系,该维修实体承担该维修任务。

当 $b_{ijlk}=0$ 时,说明保障对象系统 i 的维修任务 j 与第 l 个保障层次的第 k 个维修实体不形成分配关系,该维修实体不承担该维修任务。

6.2.3　分配关系的关联矩阵模型

按照上述方法,将两个层次的分配关系进行综合,用一个关联值 b_{ijlk} 描述保障对象系统 i 的第 j 个维修任务与保障层次 l 的第 k 个实体 E_{lk} 是否形成关联关系。

$b_{ijlk}=0$ 时,保障对象系统 i 的第 j 条维修任务与保障层次 l 的第 k 个实体之

间不存在分配关系,该实体不承担当前维修任务。

$b_{ijlk} = 1$ 时,保障对象系统 i 的第 j 条维修任务与保障层次 l 的第 k 个实体之间存在分配关系,该实体承担当前维修任务。

装备保障系统的维修实体组成可写成一个矩阵模型。令装备保障系统的保障层次共有 m 层,每一保障层次为 l,每一保障层次所属的维修实体共为 n_l 个。各个维修实体分别为 E_{jk},即第 l 个保障层次的第 k 个维修实体。由此,可将整个装备保障系统的维修实体组成描述为矩阵,即

$$\boldsymbol{E}(S)_{m \times P} = \begin{pmatrix} E_{11} & \cdots & E_{1k} & \cdots & E_{1P} \\ \vdots & \ddots & \vdots & \ddots & \vdots \\ E_{l1} & \cdots & E_{lk} & \cdots & E_{lP} \\ \vdots & \ddots & \vdots & \ddots & \vdots \\ E_{m1} & \cdots & E_{mk} & \cdots & E_{mP} \end{pmatrix} \qquad (6-3)$$

式中:$P = \max(n_l)$,是各保障层次 l 所属维修实体数量中的最大值;每一行表示装备保障系统的一个保障层次 l。

需要注意的是,由于矩阵的最大列数是所有保障层次所属维修实体的最大值,而实际上,有些层次的维修实体数是可能小于 P 的,这些层次中的后 $n_p - n_l$ 个维修实体在客观上是不存在的,是一个虚拟实体。虚拟维修实体在任何时候都不承担维修任务,任何一个维修任务都不与虚拟维修实体形成分配关系,但是并不影响维修任务与其他维修实体间的分配关系的表达。

依据维修实体组成矩阵,分别将维修任务在某保障层次的维修实体间的分配关系向量 $(\boldsymbol{B}_{lk}(ij)_{1 \times n_l})$ 的每一个值 b_{ijlk} 赋予实体组成矩阵中的每一个对应的实体,即可得到保障对象系统 i 的某维修任务 x 与装备保障系统所有维修实体间的分配关系关联矩阵,即

$$\boldsymbol{B}(ij)_{m \times P} = \begin{pmatrix} b_{ij11} & \cdots & b_{ij1k} & \cdots & b_{ij1P} \\ \vdots & \ddots & \vdots & \ddots & \vdots \\ b_{ijl1} & \cdots & b_{ijlk} & \cdots & b_{ijlP} \\ \vdots & \ddots & \vdots & \ddots & \vdots \\ b_{ijm1} & \cdots & b_{ijmk} & \cdots & b_{ijmP} \end{pmatrix} \qquad (6-4)$$

按照 6.2.2 节中所给定方法确定的每一保障对象系统 i 的每一个维修任务 j 都对应于这样一个分配关系关联矩阵。

6.2.4　分配关系模型验证

分配关系的模型验证,是对装备保障系统的环境和构成中的相关的有关公理进行的形式化表达,用于保证分配关系的正确性,包括完整性验证和维修实体存在的必要性两个方面的验证。

1. 分配关系的完整性验证

完整性验证,即维修任务至少有一个保障要素对之实施维修,每一个维修任务至少要与一个维修实体形成分配关系。

考虑分配关系的完整性,是为了确保维修任务发生后,必然有相应的维修实体对之实施维修保障,这也是确保装备保障系统完备性的重要手段。

分配关系的完整性判据是:每一个保障对象系统 i 的维修任务 j 只要与任何一个保障层次 l 的第 k 个维修实体之间存在分配关系,即认为该维修任务有相应的承担实体,针对该维修任务建立的分配关系模型是完整的;否则,说明分配关系是不完整的。其判据模型为

$$\mathrm{confirm}(M_{ij}) = \sum_{l=1}^{m} \sum_{k=1}^{n_l} b_{ijlk} \qquad (6-5)$$

式中: b_{ijlk} 为保障对象系统 i 的维修任务 j 与维修实体 E_{lk} 的关联值,根据分配关系矩阵模型,即分配关系关联矩阵得知; n_l 为第 l 个保障层次的维修实体总数; m 为总保障层次数。

其检查判据为:

当 $\mathrm{confirm}(M_{ij}) \geqslant 1$ 时,维修任务有至少一个执行实体,维修任务分配完全。

当 $\mathrm{confirm}(M_{ij}) = 0$ 时,维修任务没有任何执行实体,维修任务分配不完全。

2. 维修实体存在的必要性验证

维修实体存在必要性的验证,即维修实体必须至少承担一个维修任务,与至少一个维修任务形成维修分配关系。

考虑维修实体存在的必要性,是因为维修任务是维修实体存在的前提条件,既然维修实体存在,就必须承担相应的维修任务,否则它就没有存在的必要。

维修实体存在的必要性的判据是:维修实体 E_{jk} 至少承担一个保障对象系统 i 的一个维修任务 j。其判据模型为

$$\mathrm{confirm}(E_{lk}) = \prod_{i=1}^{z} \prod_{j=1}^{z_i} b_{ijlk} \qquad (6-6)$$

式中: b_{ijlk} 为保障对象系统 i 的维修任务 j 与实体 E_{lk} 的关联值,根据分配关系关

联矩阵得知;Z 为保障对象系统的总数;Z_i 为保障对象系统 i 的维修任务总数。

当 $\mathrm{confirm}(E_{lk})=1$ 时,维修实体至少承担了一个保障对象系统的一个维修任务,其存在是合理的。

当 $\mathrm{confirm}(E_{lk})=0$ 时,维修实体不承担任何一个保障对象系统的任何一个维修任务,其存在是不合理的,需要重新调整维修任务与维修实体的分配关系。

6.3　基于分配关系关联矩阵的维修任务量分摊关系建模

6.3.1　维修任务量分摊关系模型

建立维修任务量分摊关系模型,就是要明确某一维修任务的任务量在维修实体中的分摊情况。建立分摊关系模型的基础是分配关系模型,即上述所建立分配关系关联矩阵。

与分配关系的建立一样,分摊关系的建立也包括两个阶段的工作:一是确定在各个保障层次中的分摊情况;二是确定在各个保障层次所属维修实体中的分摊情况。

分摊情况是指某一保障层次或维修实体需要承担某保障对象系统 i 的某一维修任务 j 的多少任务量,通常可用分摊率进行描述。分为各保障层次间的分摊率 $r_{ijl}(0 \leqslant r_{ijl} \leqslant 1)$ 和某保障层次所属维修实体间的分摊率 $r_{ijlk}(0 \leqslant r_{ijlk} \leqslant 1)$。

r_{ijl} 是指各保障层次所承担的某一保障对象系统的某一维修任务的总量占该维修任务总量的百分比。

r_{ijlk} 是指保障层次 l 的维修实体 E_{lk} 所承担某保障层次任务总量的百分比,是针对某一保障对象系统某维修任务的任务量,在保障层次分摊的基础上进行的再次分摊。

维修任务在所有保障层次间的分摊率必须归1,各个保障层次下属所有维修实体间的分摊率也必须归1,即

$$\sum_{l=1}^{m} r_{ijl} = 1 \tag{6-7}$$

$$\sum_{k=1}^{n_l} r_{ijlk} = 1 \tag{6-8}$$

令保障对象系统 i 的维修任务 j 在保障层次 l 中的分摊率向量为 $\boldsymbol{R}_{ij}(l)$,即

$$\boldsymbol{R}_{ij}(l) = [r_{ij1}, \cdots, r_{ijl}, \cdots r_{ijm}] \tag{6-9}$$

在保障层次 l 中的每个维修实体间的分摊率向量为 $\boldsymbol{R}_{ij}(lk)$，即

$$\boldsymbol{R}_{ij}(lk) = [r_{ijl1}, \cdots, r_{ijlk}, \cdots r_{ijln_j}] \tag{6-10}$$

由此，维修任务量与实体间的分摊关系可描述为矩阵的形式，即

$$\boldsymbol{Q}(ij)_{m \times P} = \boldsymbol{R}_{ij}^{\mathrm{T}}(l) \times \boldsymbol{R}_{ij}(lk) = \begin{pmatrix} Q_{ij11} & \cdots & Q_{ij1k} & \cdots & Q_{ij1P} \\ \vdots & \ddots & \vdots & \ddots & \vdots \\ Q_{ijl1} & \cdots & Q_{ijlk} & \cdots & Q_{ijlP} \\ \vdots & \ddots & \vdots & \ddots & \vdots \\ Q_{ijm1} & \cdots & Q_{ijmk} & \cdots & Q_{ijmP} \end{pmatrix}$$

$$\tag{6-11}$$

式中：Q_{ijlk} 为保障对象系统 i 的维修任务 j 在保障层次 l 的第 k 个维修实体上的分摊率。

$$Q_{ijlk} = r_{ijl} \times r_{ijlk} \tag{6-12}$$

每一个保障对象系统 i 的每一个维修任务 j 的分摊情况，都可以写作上述分摊关系模型，并且其分摊率之和必须为 1，即

$$\sum_{l=1}^{n} \sum_{k=1}^{n_l} Q_{ijlk} = 1 \tag{6-13}$$

6.3.2 分摊率的批处理方式和确定原则

6.3.2.1 分摊率的批处理方式

某一个保障对象系统的维修任务众多，通常情况下，分别确定每一个维修任务的分摊率会造成巨大的工作量。因此，需要确定一种批处理方式，以减少确定分摊率的工作量。本书给出这样一种批处理方式来对维修任务的分摊率进行确定，即将保障对象系统所对应的保障层次的各种组合分别作为一种分摊方案，并分别对每一种分摊方案进行分摊率赋值，那么分摊方案共有

$$C_m^1 + C_m^2 + \cdots + C_m^j + \cdots + C_m^m = \sum_{j=1}^{m} C_m^j (\text{种}) \tag{6-14}$$

例如，以高炮营对应的一个三层保障系统为例，其组合方式共有：$C_3^1 + C_3^2 + C_3^3 = 7$ 种。由此，仅需确定 7 种分摊组合即可，如表 6-5 所列。

表6-5 保障对象系统在各保障层次间的分配(示例)

保障层次(序号 l)	一个层次自担			二个保障层次承担			三个层次承担
防空旅层(1)	1	0	0	0.8	0	0.8	0.6
陆战集团层(2)	0	1	0	0.2	0.7	0	0.3
联合战役层(3)	0	0	1	0	0.3	0.2	0.1
各层次间的任务量区分方案	1	2	3	1、2	2、3	1、3	1、2、3

在此基础上,维修任务根据自身对应的保障层次的组合分别查询该表,可明确与自身形成分配关系的各个保障层次的分摊率,即明确 r_{ijl}。

同理,也可按上述方法来确定每一个保障层次所属实体的分摊率。以防空旅层为例,假设其下属三个维修实体,则分摊方案组合如表6-6所列。

表6-6 某层次所属维修实体之间的分摊方案(示例)

防空旅层所属于维修实体 (序号 k)	一个实体承担			二个实体承担			三个实体承担
维修实体(1)	1	0	0	0.9	0	0.8	0.6
维修实体(2)	0	1	0	0.1	0.2	0	0.3
维修实体(3)	0	0	1	0	0.8	0.2	0.1
维修实体间的分摊方案	1	2	3	1、2	2、3	1、3	1、2、3

按照维修任务与某保障层次所属维修实体形成的分配关系值,确定对应的分摊方案,继而确定各维修实体的分摊率,即明确 r_{ijlk}。

6.3.2.2 分摊率的确定原则

分摊率是装备保障部门对各保障层次及其维修实体的输入性保障要求,其值通常是直接给定的,但也遵循一定的规则。

维修任务与保障层次或维修实体间的对应关系,可分为单对单和单对多两种情况。下面分别针对这两种情况说明维修分摊率的确定原则。

单对单情况下,与维修任务形成分配关系的保障层次或维修实体是唯一的。其分摊情况非常明确,即:

当仅有一个保障层次 l 与保障对象系统 i 的维修任务 j 形成分配关系时,维修任务在该保障层次 l 上的分摊率为 $r_{ijl}=1$,其他各层的分摊率为0。

当当前保障层次中,其所属的维修实体仅有一个与维修任务形成分配关系时,$r_{ijlk}=1$,其他维修实体的分摊率为0。

单对多情况下,多个保障层次承担了同一维修任务,或某一保障层次的多个维修实体承担了同一维修任务。

在此情况下,保障层次之间的 r_{ijl} 的确定,应从顶层装备保障系统开始,首先确定顶层装备保障系统的分摊率,再逐层确定下层装备保障系统的分摊率,直至最底层装备保障系统。在逐层确定分摊率时,应当更多地为下层装备保障系统分配任务量,也就是下层装备保障系统的分摊率应大于上层装备保障系统的分摊率,即

$$r_{ijl} > r_{ij(l+1)} \qquad (6-15)$$

其原因在于,上层装备保障系统所承担的主要维修任务是下层装备保障系统没有能力承担的维修任务,各自的能力配置是不同的。如果多层装备保障系统都可执行某一维修任务,则认为该维修任务对维修能力的需求在下层装备保障系统中就可得到满足,为了尽量减少维修保障的层级,应当尽量使这类维修任务在低层次装备保障系统中完成。

反之,如果上层装备保障系统过多的承担了下层装备保障系统能够保障的维修任务,不仅会因"舍近求远"而造成这部分维修任务的维修保障时间增长,还会使本层装备保障系统应执行的维修任务因等待所需的资源而造成维修等待延迟时间的增加,继而增加整个维修保障服务时间。

同理,同一层保障层次的多个维修实体承担某一维修任务时,应按照维修实体的使用顺序依次确定分摊率,即最先使用的维修实体的分摊率应大于靠后使用的维修实体的分摊率。例如,当基本保障群某维修组和前进保障群某维修组都承担某一维修任务,则该维修任务在前进保障群某维修组的分摊率通常大于基本保障群某维修组的分摊率。

6.4　维修实体的维修任务集和任务量模型

维修实体的维修任务集及任务量是维修实体与整个装备保障系统的环境之间的关联关系的反映,是在某保障对象系统的某维修任务与维修实体的关联关系的基础上进行的综合表达,其目的是为了指导维修实体的资源配置和能力建设。

6.4.1　维修实体承担的维修任务集

确定维修实体承担的维修任务集的目的是根据其承担的维修任务集,结合各维修任务的"资源需求"属性来确定维修实体所需配置的资源类型。其方法

是:根据单个保障对象系统的单个维修任务与维修实体的关联矩阵模型中的关联值,以维修实体为关键字,遍历所有保障对象系统的所有维修任务,并取与维修实体的关联关系值为1的所有维修任务的并集。

令 M_{ij} 是保障对象系统 i 的维修任务 j,b_{ijkl} 是关联关系矩阵模型中关联值,则维修实体的维修任务全集为

$$E_{lk}(M) = \bigcup_{i=1}^{T} \bigcup_{j=1}^{n_i} M_{ij} \mid (b_{ijkl} = 1) \qquad (6-16)$$

式中:T 为保障对象系统的总数;n_i 为每一个保障对象系统 i 的维修任务总数;$M_{ij} \mid (b_{ijkl} = 1)$ 是指维修实体与维修任务形成分配关系时,将该维修任务进行抽取,作为维修实体的维修任务集中的一个。

继而,根据维修实体承担的各个维修任务的所需资源类型属性,即可确定维修实体需要配置的相关资源类型。

令 $E_{lk}(M)$ 中每一个维修任务 M_y 的所需的维修人员、器材和维修设备类型代号的向量分别为 $\mathrm{PE}(y)$,$\mathrm{SP}(y)$ 和 $\mathrm{EQ}(y)$。

$$\mathrm{PE}(y) = \left[\mathrm{PE}_1(y), \cdots, \mathrm{PE}_x(y), \cdots, \mathrm{PE}_{n_y}(y)\right]$$

$$\mathrm{SP}(y) = \left[\mathrm{SP}_1(y), \cdots, \mathrm{SP}_x(y), \cdots, \mathrm{SP}_{n_y}(y)\right]$$

$$\mathrm{EQ}(y) = \left[\mathrm{EQ}_1(y), \cdots, \mathrm{EQ}_x(y), \cdots, \mathrm{EQ}_{n_y}(y)\right] \qquad (6-17)$$

式中:$\mathrm{PE}_x(y)$ 为维修任务 y 所需的第 x 类维修人员的岗位代号;$\mathrm{SP}_x(y)$ 为维修任务 y 所需的第 x 类器材的代号;$\mathrm{EQ}_x(y)$ 为维修任务 y 所需的第 x 类维修设备的代号;N_y 为维修任务 y 所需的资源总类型数。

维修实体所需的三类资源类型集合为

$$\mathrm{PE}(E_{lk}) = \bigcup_{y=1}^{M} \bigcup_{x=1}^{N_y} \mathrm{PE}_x(y)$$

$$\mathrm{SP}(E_{lk}) = \bigcup_{y=1}^{M} \bigcup_{x=1}^{N_y} \mathrm{SP}_x(y) \qquad (6-18)$$

$$\mathrm{EQ}(E_{lk}) = \bigcup_{y=1}^{M} \bigcup_{x=1}^{N_y} \mathrm{EQ}_x(y)$$

6.4.2　维修实体承担的维修任务量模型

根据维修任务量分摊关系矩阵,可清楚地明确每一维修实体承担的某一保障对象系统的某一维修任务的任务量分摊率,结合保障对象系统的某维修任务的维修任务量,即可明确各个维修实体承担的实际维修任务量,包括自然故障维

修任务量和战损维修任务量。维修任务量确定方法如图 6 - 3 所示。

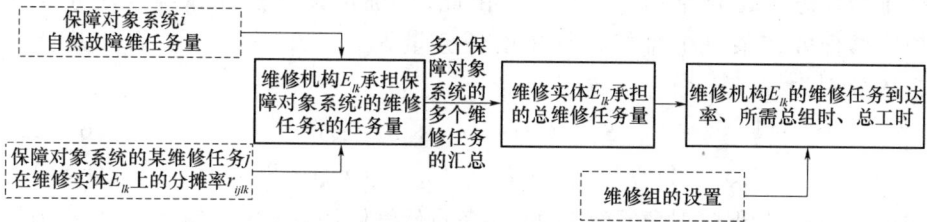

图 6 - 3　维修实体的维修任务量确定方法

在分析之前,首先明确,维修任务的维修任务量是指维修任务的发生次数,即某一维修任务的条数。下面的分析均采用此论述。

1. 保障对象系统某自然故障维修任务量模型

确定保障对象系统某一自然故障维修任务量的方法很多,如仿真分析法、估算法和解析方法等。但是,确定其总任务量属于保障对象系统研究范畴,本书不做深入分析,假设其为已知条件。

令:F_i 是保障对象系统的自然故障维修任务总量,是已知条件;P_{iz} 是保障对象系统发生自然故障时,维修任务 z 出现的概率,则保障对象系统 i 的某一条自然维修任务 z 的任务量为

$$S_{NA}(iz) = F_i \times P_{iz} \qquad (6 - 19)$$

2. 保障对象系统战损维修任务量模型

战损维修任务的故障量与保障对象系统的战损情况密切相关。设保障对象系统的战损维修任务的任务总数为 M,在阶段 T 内受击次数为 N,每一次的战损率为 P_x,则保障对象系统的战损维修任务量为

$$S_{ZS} = \sum_{x=1}^{N} M \times P_x \qquad (6 - 20)$$

进一步,令保障对象系统发生故障时,战损维修任务 y 发生的概率为 P_y,每一个战损维修任务包含的战损子任务的数量为 n_y,则在阶段 T 内,某一战损维修任务 y 的维修任务量为,

$$S_{ZS}(iy) = P_{iy} \times S_{ZS-iy} = P_{iy} \times (\sum_{x=1}^{N} M \times P_x) \times n_y \qquad (6 - 21)$$

3. 实体 E_{lk} 承担保障对象系统 i 的自然故障维修任务 z 和战损维修任务 y 的任务量模型

根据维修任务分摊关系模型,可确定每一维修任务在实体中的分摊率 r_{ijlk}。

其中,维修任务 j 对应的每一个分摊率即是每一个自然故障维修任务 z、战损维修任务 y 的分摊率 r_{izlk} 和 r_{iylk}。由此,可确定该自然故障维修任务或战损维修任务在某一个维修机构中的任务量 $S_{NA-jk}(iz)$ 和 $S_{ZS-jk}(iy)$,其计算方法分别为

$$S_{NA-jk}(iz) = r_{izlk} \times S_{NA}(iz) \tag{6-22}$$

$$S_{ZS-jk}(iy) = r_{iylk} \times P_{iy} \times S_{ZS-iy} = r_{iylk} \times S_{ZS}(iy) \tag{6-23}$$

式中:$S_{NA}(iz)$ 为保障对象系统 i 的某一条自然维修任务 z 的任务量;$S_{ZS}(iy)$ 为保障对象系统 i 的某一战损维修任务 y 的维修任务量。

4. 维修实体 E_{lk} 承担的维修任务总量模型

假设第 l 层的第 k 个维修实体 E_{lk} 需要承担其维修任务的保障对象系统为 m 个。每一个保障对象系统 i 分别有 L_{NAi} 条自然故障维修任务和 L_{ZSi} 条战损维修任务由该维修实体承担维修。由此,可计算出每一个维修机构所需承担的维修任务总量,即

$$
\begin{aligned}
S_{lk} &= S_{NA-lk} + S_{ZS-lk} \\
&= \sum_{i=1}^{m}\left(\sum_{z=1}^{L_{NAi}} S_{NA-lk}(iz) + \sum_{y=1}^{L_{ZSi}} S_{ZS-lk}(iy)\right)
\end{aligned}
\tag{6-24}
$$

根据维修实体 E_{lk} 承担的维修任务总量模型,可确定某维修机构在阶段 T 内的维修任务到达率为

$$\lambda_{lk} = \frac{S_{lk}}{T} \tag{6-25}$$

5. 维修实体 E_{lk} 所需的维修总组时 T_{Z-jk}。

假设维修实体 E_{lk} 对承担的第 i 个保障对象系统的第 z 个自然故障维修任务进行维修所需的时间为 $t_{NA-lk}(iz)$。承担的第 y 个战损维修任务所需的维修时间为 $t_{NA-lk}(iy)$。由此,可计算出维修实体所需的维修组时为

$$
\begin{aligned}
T_{Z-lk} = \sum_{i=1}^{m}\Bigg(&\sum_{z=1}^{L_{NAi}}\left(S_{NA-lk}(iz) \times t_{NA-lk}(iz)\right) + \\
&\sum_{y=1}^{L_{ZSi}}\left(S_{ZS-lk}(iy) \times t_{NA-lk}(iy)\right)\Bigg)
\end{aligned}
\tag{6-26}
$$

6. 维修实体 E_{lk} 所需的维修总工时 T_{G-jk}。

同样,在维修实体 E_{lk} 的编组设置完成后,即可确定阶段 T 内的所有维修任务所需的维修总工时 T_{G-jk}。

假设维修实体 E_{lk} 的人员配置为:维修人员类型数量为 N_R,第 c 类维修人员的数量为 N_c。在执行某一维修任务时,资源在整个维修过程中不释放,则维修实体 E_{lk} 执行某一自然故障维修任务或战损维修任务时,所需的工时分别为

$$t_{NAg-jk}(iz) = t_{NA-jk}(iz) \times \sum_{c=1}^{N_R} N_c \qquad (6-27)$$

$$t_{ZSg-jk}(iy) = t_{NA-jk}(iy) \times \sum_{c=1}^{N_R} N_c \qquad (6-28)$$

由此,可计算出维修实体所需的总工时为

$$T_{G-jk} = \sum_{i=1}^{m} \left(\sum_{z=1}^{L_{NAi}} (S_{NA-jk}(iz) \times t_{NAg-jk}(iz)) \right) +$$

$$\sum_{y=1}^{L_{ZSi}} (S_{ZS-jk}(iy) \times t_{ZSg-jk}(iy))) \qquad (6-29)$$

据此,可得知某一维修实体 E_{lk} 所承担的某一保障对象系统的某条维修任务的任务量,以及维修机构所有维修任务所需的总组时和总工时,如表 6–7 所列。

表 6–7　维修实体的维修任务量信息

维修实体	保障对象系统	自然故障维修任务 z 的任务量	战损维修任务 y 的任务量	维修任务到达率	所需总组时	所需总工时
维修实体 E_{lk}	保障对象系统 i	$S_{NA-lk}(iz)$	$S_{ZS-lk}(iy)$	λ_{lk}	T_{Z-lk}	T_{G-lk}
		…	…			
	⋮					

根据表 6–7 所提供的维修任务量信息,结合保障时间的要求,利用维修任务到达率 λ_{jk},即可采用服务系统分析理论,预计实体所需配置的服务台数量。或者采用其他方法,利用总组时或总工时来确定资源数量的配置。

6.5　本章小结

本章首先对维修任务与维修实体的关联关系进行了分析,界定了维修任务的关联对象,以及关联关系三个方面的内涵,并相应地提出了建模需求。首先采取分别与保障层次,以及各保障层次所属维修实体建立分配关系的方法,建立了维修任务与实体的分配关系,建立了分配关系的关联矩阵;其次,基于分配关系

的关联矩阵模型,构建了维修任务量的分摊关系矩阵,并对分摊率的批处理方式和分摊率的确定原则进行了分析与说明;最后,根据分配关系矩阵和分摊关系矩阵,建立了维修实体的维修任务集和维修任务量模型,为维修实体的资源配置和能力构建奠定了基础。

参 考 文 献

[1] 于永利,康锐.装备综合保障的基础理论与技术框架[J].可靠性工程.2008,6(2):49-53

[2] 张柳,封会娟.装备作战单元保障对象系统维修任务建模.国防科技报告,石家庄:军械工程学院,2013,4.

[3] 张柳,李世英.信息化装备体系的 RMS 参数体系、模型及应用研究.国防科技报告,石家庄:军械工程学院,2009,6.

[4] 张柳,于永利,康锐,等.Assessment on Operational Availability and Serviceable Rate of Basic combat Unit Based on Office Solutions, ICRMS 2004 Xi'an china, High Quality High Reliability Proceedings, 2004,8:26-29.

[5] 张柳. Modeling research on equipment support simulation based on.

[6] 封会娟.装备作战单元保障对象系统 RM 建模研究.石家庄:军械工程学院,2010,6.

[7] 刘文武.基于本体论的装备保障系统建模研究.石家庄:军械工程学院,2011,6.

[8] 董岳.面向装备保障的使用任务系统建模研究.石家庄:军械工程学院,2010,12.

[9] 董岳,于永利,张柳,等. Availability Modeling of Basic Combat Unit during Mission. International Forum on Information Technology and Applications. 2009,4.

[10] 董岳,于永利,张柳,等.装备保障对象系统任务持续性模型研究.系统工程与电子技术,2009,11.

内 容 简 介

　　本书是论述装备作战单元维修保障任务模型与建模方法的专著,以装备作战单元保障对象系统为研究对象,在分析装备保障对象系统可靠性维修性参数体系的基础上,建立了装备作战单元保障对象系统的可靠性维修性模型、维修任务量模型以及维修任务分配模型,为装备作战单元保障对象系统的可靠性维修性评价、维修任务及其任务量的生成与分配规划奠定基础。

　　本书既可作为装备保障工程领域研究生学习教材使用,还可以为从事装备保障工程理论与技术的研究人员和工程实践人员提供进一步深入研究的基础材料。